風来坊ママ、
公邸料理人になる

打越 一草
UCHIKOSHI Kazusa

文芸社

まえがき

私が都内で料理教室をやっていた時、生徒さんが一言、「料理って楽しいですよね〜」。私はそれまで料理が楽しいか、楽しくないかなんて考えてもみなかったことです。ふと落ち込んでいる時に彼女の言葉を思い出します。

三人兄弟の長女として生まれた私は、物心ついた時から、飲食業を営む両親を手伝うこと、幼い弟、妹の面倒を見ることは日常のこととなっていました。それでいて「勉強しなさい」などと言われたことは一度もありませんでした。

いったい我が家は勉学と商売どっちが大事なんだろう。子供の将来は心配ではないのか？　子供ながらに心配したものです。

のちのち兄弟は立派な経営者の道に進んでいくも、私は経営者向きでもなく、かといって、家庭向きでもない、どの道にススメば良いのか。自分の中にあるコンプレックスから現実逃避をするかのように海外へ向かいました。

「いろんな国に行き、いろいろと経験してきてますね〜、カズサさんは……」

聞こえは良いようでも、私はいわば〝フーテンの寅さん〟、浮き草のような人生を歩んできたのです……。

高校生の時にオーストラリアからの交換留学生をホームステイに受け入れたことがありました。そのことから海外に興味を持ち、洋楽を聞いては英語の勉強をしたり、スティーブン・スピルバーグの映画を観ては、彼にファンレターを書いたこともあります。いつかはオーストラリアに留学したい、アメリカに住みたい、そんな憧れを持ちついには日本を飛び出し、向かった先はなぜかイスラエルで――。

社会人となり、紆余曲折のある中でも、結婚、出産、子育てと、一通りの人生は歩んできたつもりでした。とっくに若い時の情熱を忘れ去っていたオバサンでした。ただ離婚をして、また、自分の居場所を見失ったかに思っていた時に、「公邸料理人やってみない？」と声をかけていただいたことがきっかけで、またもや私の情熱となるものがフツフツと湧き出てきたのです。

公邸料理人とは、大使や総領事が、在外公館で外交として要人や外交官を招き、料理でおもてなしをするための専属料理人です。世界の国々と比較しても、日本では女性の料理人の数は決して多くはありません。ましてや公邸料理人ともなると、世界にある日本の在外公館二三〇か所の中でごく少数。大使から女性の料理人にオファーが来るとは思ってもいませんでした。私の作る料理が日本のために少しでも役に立てられるなら、公邸料理人をやってみよう――。それからまた、私の海外生活が始まりました。

もくじ

中学受験の思い出

公邸料理人としてシドニーで勤務していた時のことです。会食前日、私は印刷された会食メニューの確認をしておりました。

「在シドニー日本国総領事公邸晩餐会」と最初に書かれております。いつも目にしているはずの文字「晩餐会」、この時、私の中ですっかり忘れていた記憶が蘇ってきました。

昭和五八（一九八三）年、札幌。

まだ冷え込みが厳しい一月、中学受験の当日でした。母は早朝からお弁当と朝食の用意をしていました。私は母の用意してくれた白のブラウスに紺のブレザー、チェック柄のスカートに着替え、緊張していたせいか食欲はありませんでした。

朝の渋滞に巻き込まれないように母の運転する車で早めに家を出発して、中学校に向かいました。着慣れない洋服が堅苦しく、緊張もあり少し車酔いをしていたことを覚えています。

午前中の試験が終わり、待合室となっていた図書室に戻りました。母はもうすでに、長テーブルの上に風呂敷を広げ、二人分のお弁当を出していました。

アナウンスが入りました。

「受験生の皆様、これより昼食時間になります。午後の面接時間まで図書室で待機していてください」

母は、「試験はどうだったのか」など一言も触れず、私にお弁当を差し出してくれました。

試験が終わりホッとしていた私は、「お腹すいた～」とお弁当箱を開けました。卵焼きのいい香り。好物の唐揚げに、塩鮭のおかずでした。

「いっただきまーす」

母と私がお弁当を食べ始めようとした時、母は向かいに座っていた親子に声をかけました。

「お食事されないのですか？」

私は試験会場にこんなきれいな子がいたかなと思いつつ、お腹が空いていたので、卵焼きをほおばっていました。私が食べている間も凛とした姿勢で向かいに座っていた少女の髪は茶色で、束ねられた髪の毛先がカールされていて、同年代とは思えないくらい大人びた顔立ちをしていました。

他のテーブルでも皆さん、お弁当を食べ始めていましたが、その親子だけは食事をとっていませんでした。

母の問いかけに彼女のお母さんは、

「この後、晩餐会に参りますので……」

彼女は一瞬私の方をちらっと見て、にっこり微笑みました。私は顔が赤くなり、下を向いてしまいました。

「バンサンカイって何？」

小声で母に尋ねましたが、母は私の言葉が聞こえていなかったのかお弁当を食べ続けていていました。

私は「バンサン」という言葉が気になり、もしかして舞踏会のことではと考えを巡らせていました。頭の中で想像する舞踏会では料理がテーブルいっぱいに並べられ、綺麗なドレスを身にまとった少女が中央で踊っています。その少女に彼女が重なり、私はうらやましく思っていました。本当におとぎ話のような世界があるのかな？

「時間がなくなるから早く食べなさい」

母の言葉で我に返った私は、お弁当を食べている自分が恥ずかしくなり、彼女に見られないようにお弁当の蓋でお弁当を隠しながら急いで食べました。とにかく早く食べてしまいたかったのです。

中学校に入学してからは東京から受験に来ていた彼女と会うことはありませんでした。

イスラエル　キブツでの生活

高校一年の夏休み、カナダのトロントにホームステイをした経験から、海外に興味を持ち始め、大学は日本初、アメリカの大学の日本校を選択しました。一年間、日本で英語を集中的に勉強すれば次の年からはフィラデルフィアの本校に転入できる、今思えば甘い考えでした。

通学していた私立の小学校では英語が必須科目、高校の英語クラス分けは常にアッパー（上位）クラス、高校一年生で英語スピーチコンテスに出場経験もありました。大学は問題ないだろうとたかをくくっていたものの、入学してみると、膨大な量の宿題、授業中の発言やディスカッションも成績に関わる大事な要素で、ついていくだけで必死。日本の大学に通う友人たちが学生生活をエンジョイしている中、私は毎晩宿題に追われていました。

そして一年後、本校に編入するどころか、進級することすら私の成績では無理という現実が待っていたのです。二年目は苦手なディスカッションを克服するために積極的にディスカッションクラスに参加するも、私は英語を勉強するために大学に入ったのか？　英語だけのために一年も二年も費やすのはもったいないのではと、翻弄されている自分に嫌気がさし、早々に進級をあきらめてしまいました。

父に初めて反抗して東京の大学に行かせてもらったのに、という負い目もありました。

「そりゃあみたことか、そのまま短大にでも行っていればよかったのに」

もともと東京嫌いの父にそう言われることはわかっていました。

いまさら帰る場所もない。それでも海外に行ってみたい。そんな時期に目にした報道番組では、侵略された地域のことが伝えられ、武器を持った兵士が連日映し出されていました。この世の中は本当に平和なのだろうか？　いまだに争いが起きている国があるのかという漠然とした疑問が心の中で渦巻いていました。

たまたま、大学構内の掲示板に張られていた大きなポスターには、

「イスラエルのキブツでボランティアをしませんか？」

〝航空券のみ自費、衣食住は支給〟と書いてありました。

私は目を見開き、

「よし、これだ！」

と、まったくイスラエルやキブツについて知識もないまま、広告に記載されている電話番号に連絡しました。

さて、両親にはなんと言って説得すべきか。

いつ紛争が起きてもおかしくない危険な地域に娘を行かせる親はいないでしょう。

当時は東京の叔母の家から大学に通っていましたが、成人式を目の前にして、親には相

談せずに大学に休学届を提出していました。

「イスラエルに旅立ちます。心配しないでください」と叔母と両親に一通づつ手紙を残し、私は旅立ちました。


平成二（一九九〇）年、人生の旅の始まりです。


簡単にキブツを説明しますと、キブツとはヘブライ語で「集合」という意味です。町や村とは違い、独自の社会を築き上げているコミュニティー（集落）です。伝統的な農業に基づき、住民は、自給自足をして暮らしています。イスラエルの至る所にキブツが存在しています。今ではキブツにボランティアとして参加する日本人も珍しくはありませんが、当時は、キブツを知る日本人すらほとんどいませんでした。私が訪れた一九九〇年は首都のテルアビブでも、日本人はおろかアジア人を見かけることはありませんでした。

最初の一週間は研修を受けるために、本部があるロンドンに滞在、実際には研修というものは特になく、キブツで生活していく上での説明事項、キブツの様子をビデオで鑑賞し、危険なことが起こった時の対処方法を教わるぐらいでした。

本部には研修に大学の休みを利用して参加する学生もいれば、仕事を退職して参加されていた人も訪れていました。

キブツ内の私が暮らしていた建物

海外の学生は社会貢献に関心を持つ人が多く、社会慈善活動に貢献することで就職活動に優位に役立つこともあるようです。大半の参加者は、航空券と滞在費（参加費用）を払わなくてはなりませんが、日本からの参加の場合は参加費用は免除されていました。私のように衣食住はタダという言葉につられてはいけないでしょう。自発的に参加している学生を見て、なんと恥ずかしい事と思いました。

イスラエルで派遣されたキブツは北部の小さな集落「スニア」。車で一〇分ほど北に行くとシリアとの国境、自衛隊を乗せたトラックが行き通う一本道、それ以外は見渡す限り荒野がどこまでも続いていました。

スニアの人口は八〇〇人ほど。

私は二人の女性とルームシェアをしました。一人は一つ年上のスウェーデン人、二〇歳のアン。そしてもう一人はコロンビア人、面倒見が良いお姉さんという感じのマリア。マリアは何度もこのキブツに訪れており、ここのボランティアの中では最年長でした。

なかなかグループの輪に入れなかった私を、彼女たちは温かく迎え入れてくれました。

「カズサ、早くこっちにおいでよ」

私は、金魚のフンのようにいつも彼女たちの後をついていました。向かいの部屋にフィンランド人の女の子がやってきました。彼女は私よりも英語ができませんでした。シャイなところは日本人に似ているのか、いつも一人でいました。英語が上手くない者同士、私はすぐ彼女と仲良くなっていましたが、いつの間にか北欧出身の彼女の英語が目に見えて上達していったのには驚きました。日常から英語や他言語に触れる機会が多い北欧の人々は、母国語以外に何か国語も話す言語習得能力に堪能な民族と言われているようです。

彼女以外にも北欧から来ていたボランティアが数名いました。いつもプールサイドで上半身真っ裸で、真っ白な肌を小麦色に焼いていているとフェンスごしにそれを見にくる輩がいても、まったく彼女たちはおかまいなしです。

そういえば日本人女性がボランティアにやってきた時は飛び上がるぐらい嬉しかったことを覚えています。しかし彼女は一か月でスニアを去ることになりました。去っていくボランティアは彼女だけではなく、このキブツが合わずに朝にはもぬけの殻ということも珍しくありませんでした。思い描いていた生活とは違う、労働がきついということもありました。彼女の場合は本部に連絡をとり、他のキブツに移動となりました。

キブツには毎年世界中から多くのボランティアが来村し、労働を提供する代わり衣食住を無料で提供してもらえます。労働もキブツによりさまざまですが、私が最初に配属された仕事はトイレットペーパー工場でした。大きなロットに機械で紙を巻いていき、長く巻かれたロットを家庭で使用する長さに切断していきます。単純作業ですが機械の操作を一つ間違えれば大事故になります。私の勤務中にも男性が誤って左人差し指第一関節を切断してしまう事故が起こりました。救急車で運ばれた彼は、運よく切断した指を再生することができました。手作業で袋詰めされたトイレットペーパーは町に出荷され、キブツの収入源となります。

三か月が過ぎ、次の場所に配属。その頃には自分のやりたい仕事をリストアップしてボランティアのリーダーに伝えておくことができます。フルーツのピッキングや食堂での料理担当、保育園は人気の職場でした。

私は保育園の仕事を希望していましたが、すぐには配属にはならず、トウモロコシ畑のピッキングや食堂の掃除を任された後、最後の２か月は保育園で子供たちのお世話をすることになりました。

住民の暮らしは平和に見えますが、スニアは高い塀で囲われ、塀の上部には鉄線が巻かれていました。外部から不審者が侵入してこられないように外部との連絡口は一か所、中央には日本の体育館ほどの大きな集会場があり、いざという時はそこが避難場所となります。普段はボランティアと住民が集まる食堂として使われていました。家族がある人は家で食事をしてもよし、食堂で食べてもよし、特にキブツ内ではルールはありません。

住民や私たちボランティアのお楽しみは食事の時間です。食堂に入るとハーブのいい香りが漂ってきます。食堂の片側に長テーブルが置かれ、たくさんの種類の料理がブッフェ形式に並びます。食事の時間になると住民やボランティアはそこに集まり会話をしながら食事を楽しみます。

どの料理も味付けはいたってシンプル、塩コショウにレモン、そしてハーブ園で採れたハーブ。ハーブ園にフェンネル畑があり、とれたてのフェンネルがふんだんに料理に使われていました。私の大好きなフェンネルの香りをかぐとイスラエルの生活を思い出します。テーブルの一角に、「ベジタリアン」と書かれていました。ベジタリアン料理を聞いたことはあっても実際に食べたことはありませんでした。住民やボランティアの中にはベジタリアンだけではなく宗教上または健康志向のため、動物性の物は摂らない人がいました。日本では出された料理はすべていただく。それが食事のマナーと教えられた私にとって、肉をサーブされてもベジタリアンだから肉はNGなどと言える国民性に驚愕していました。

ベジタリアン料理と言えばサラダばかりかと思っていましたが、ミートボール状に揚げた物（中身は野菜とレンズ豆）、ズッキーニやカボチャのスープ、パプリカにマッシュポテトを詰めたもの、どれも美味しく、日本食が恋しいと思うことは一度もありませんでした。

休日には、住民の方にイスラエル料理を教わることもありました。

イスラエル料理といってもピンとこないでしょうが、移民で成り立っているこの国では、中東諸国からもたらされた料理と言われています。料理の特徴としては地中海に面していることから、野菜や魚を多く取り入れた地中海料理やギリシャ料理に似ています。またユダヤ教の「コーシャ」に基づいた料理もあります。例えば豚、ウサギ、貝類、甲殻類などは食べられません。動物は承認された方法で飼育、処理されたものでなければならないなどの規則があります。

最近ではマドンナをはじめ海外のセレブの間でもコーシャ料理が取り入れられているようです。

公邸に来られるお客様の中にもベジタリアンやコーシャを希望される方々がいらっしゃいます。食の多様性という面では、キブツで教わった料理が後に役立つとはその時は夢にも思いませんでした。

金曜日は安息日、金曜日の夕食はいつもより少しばかり豪華。夕食後はダイニングが開放され、ダンスフロアに変わります。ボランティアたちがビール片手にダンスを楽しんでいました。

もう一つ、金曜日といえば近隣にある国立公園の売店・キオスクが開店します。「KIOSK（キオスク）」と書かれている看板を見て、えっ！　なんでこんな所にキオスクが？　キオスクの発祥の地がトルコやイランなどのイスラム圏。意味は「あずまや」とは知りませんでした。ここのキオスクで働いている人はキブツの住民です。

キブツには貨幣が存在しません。住民やボランティアは入居する時に個人の番号を与えられます。売店で買い物する時や食堂で食事をする時にその番号を伝えるだけでクレジットのように記録されます。

週末ともなれば、国立公園にサンドイッチを持って、ボランティア仲間とハイキングに行きます。観光客や、他のキブツからやってくるボランティアたちと会うこともありました。山道を一五分も歩くと滝が現れます。それほど大きな滝でもないのか、滝の上から滝壺に向かってダイビングしている人たちが見えました。私たちも岩山を登って滝口まで行くことにしました。滝口から見下ろせば相当高く、ビルでいえば四階ぐらいでしょうか。ここからダイビングなんて……。

一緒にいたボランティアたちが尻込みするのは無理もありません。が、私は皆の前に進み、考える間もなく飛び込んでいました。

落下しながらも、私が滑り落ちたと思った誰かが私の名を叫んでいるのが聞こえました。

キブツ近くの古城で

飛び込んだ滝壺

途中岩肌に左肘をぶつけました。私は滝壺深く沈んで行く時に目を開けていたので、その時の記憶は鮮明に残っています。ブクブクと口から出た泡が上っていくのが見えました。川の流れは相当早いが抵抗せずに、自然に身を任せよう、そう思っているうちに体が次第に水面に浮かび上がっていました。体が軽くなり水面から顔を出した時には太陽がまぶしく、気持ちいい〜。心配そうに滝口から見下ろしている仲間に手を振りました。私につづけとばかりに仲間が次から次に飛び込んでいくのが見えました。

その日の夕食、ダイニングでは、

「聞いたわよ〜!　滝に飛び込んだんですって?」

休日をキブツで過ごしていたボランティアたちから声をかけられました。一緒に行ったアメリカ人は、

「俺も飛び込んだんだぜ、その証」

私と彼は左肘の擦り傷を見せ合い、それから私はヒーロー扱いでした。それがきっかけとなり、ずいぶんボランティア仲間と打ち解けられるようになりました。

週に一度、ダイニングの掃除当番が回ってきます。キブツでの掃除担当も、私の人生においてなくてはならない経験でした。毎食後に広いダイニングをモップがけし、必ず金曜日はワックスをかけます。ボランティアのリーダーが点検に見回りにきますが、モップがけの経験がない私は、床をビショビショに濡らしてしまい、何度もやり直しをさせられま

した。

後にシドニーの公邸ではお手伝いさんがキッチンの床をモップがけしてくれていましたが、キッチン自体がそれほど広くないこともあり、私がするようにしていました。しかしキレイ好きのお手伝いさん、私のモップがけが気に入らないのか、

「駄目ね、ほらあそこがまだ濡れたままよ、私のやるのを見てて」

彼女がやり直すのを見ながら、キブツでも同じことを言われたのを思い出し、ニヤッとしていました。

私が彼女に日本式の掃除の仕方として雑巾がけを教えたことがありました。彼女も真似をしようと腰をかがめますが、身体の大きな彼女にとってはかがむ動作が苦手な様子でした。

その後念願の保育園に配属となりました。私は三～四歳児担当、肌の色、容姿が自分たちと異なる「アジア人」を初めて見た子供たちの反応は、目を真ん丸に見開き、口をあんぐり、まるで宇宙人に遭遇したかのよう、泣いてしまう子供もいました。

無理もありません。私が街に買い物に出かけただけで、地元の大人たちからジロジロ見られ、わざわざ車を停車して、窓を開けて見物する人もいました。

しかし、二～三日もすると、子供たちはすっかり私に慣れてきました。

月に一度、キブツ内でアナウンスが流れます。

「午前一一時より外部で大砲訓練が開始されます。窓を閉め、外出しないでください」

その爆音といえば地響きが鳴り響くかのようでした。窓ガラスが割れる恐れがあるため、子供たちを集め、大人たちが子供たちの上に覆いかぶさります。子供たちは恐れで泣き叫び、私の腕にしがみついてくる子もいました。私も恐怖でしたが、なんとしてでも子供たちを守らなくてはと必死でした。


スニアを去る前日、長老からスニアの歴史を聞く機会をいただきました。一〇年前に一度テロリストに襲われ、スニアの存続が危ぶまれた時に、運よく逃れることができた一人の少年が街に助けを呼びに行ったことで、このスニアが救われたと話してくれました。最近ではキブツを離れ、街に出稼ぎに出る若者が多いようですが、キブツで育った彼らは外の世界を知りません。〝外部では自分の身は自分で守らなければいけない〟。長老はキブツを出る若者やボランティアにいつもそのことを教えていました。

一年の滞在予定でしたが、その年に湾岸戦争が勃発、途中で外国人は国外退去となりました。

もしこの頃にYouTubeがあれば、キブツの生活を撮っておきたかったものですね。

私はキブツで知り合ったイギリス人を頼りにロンドンに避難することにしました。

スニアで最後に食べたレンズ豆と野菜のサラダ、ひよこ豆のコロッケ、思い出して作ってみてもあの時食べた味にはならないものですね。

女将さんの言葉

湾岸戦争勃発後、外国人国外避難命令を受け、私は友人エミリーを頼りロンドンに渡りました。平成三（一九九一）年のことです。所持金は日本～ロンドン～イスラエルまでの航空チケット代でほぼ使い果たしていました。

大学一年の夏休みを利用して、ボランティアに参加していたエミリーとはすぐに仲良くなっていました。それも彼女は日本のアニメが大好き、アニメから日本語を覚え片言の日本語を話すことができました。彼女とよく一緒に買い物に出かけていましたが、スニアと街を結ぶバスは一日に一便しか往復していないため、私たちの交通手段はヒッチハイクでした。ブロンドの髪で青い目の彼女が道端に立てばすぐ車は止まりました。大抵、男性諸君は金髪美女に弱いですね。

運転手は彼女を助手席へエスコートし、私は、

「はい、君は後ろの席に座って」

と言われたものです。


私はエミリーに手紙を書き、彼女からはすぐ返事が来ました。

手紙には、次のように書かれていました。


私は来月からパリに留学することが決まっています。でも両親にはカズサのことを話してあるからいつでもロンドンに来て。ここに来れば何も心配いらないわ。

　無事を祈っています。

エミリーより

イスラエルを去る一週間前、私はこのスニアで出会った日本人女性のことが気がかりで、彼女が滞在するキブツを訪れました。彼女の滞在先は首都に近いこともあり、スニアより数倍広く、ボランティアの数もスニアは一八名でしたが、そこは六〇名いました。そこで活き活き生活する彼女を見てホッとしました。後に彼女もロンドンに避難することになり、私たちはロンドンでも再会しました。

翌日に、私はロンドンのヒースロー空港に渡りました。

ヒースロー空港を出てビクトリア駅に着いた時には辺りは暗く、何時なのかもわかりませんでした。とにかく午後七時にエミリーのお父さんと駅の中央にある大きな柱時計で待ち合わせでしたが、構内は大きなリュックを背負った人やスーツをまとったビジネスマンでごった返していました。

日本語が至る所で聞こえます、なんて日本人が多いのかしら。この人込みの中からエミリーのお父さんを見つけるのは大変です。

私は彼女から送られた家族写真を手に、似ている男性を見かけては声をかけてみました。エミリーも私の写真をお父さんに見せると言っていたからお互いわからないわけでもないはずです。柱時計を見ると時刻は午後一一時になりかけていました。駅には私一人、とうとう最終列車も出発、人気のない駅で心細く、吐く息が白いぐらい寒い日でした。

空港に到着してからは何も食べていませんでした。

エミリーのお父さんに連絡をとるにもイギリスの通貨ポンドを持っていませんでした。両替所も売店も閉まっています。携帯がない時代です。私は疲れ切って床にしゃがみこんでしまいました。

するとどこからか現れた一人の男性が、「今夜は冷えるからこれを巻くといいよ」。

彼が手渡してくれたのは一枚のダンボールでした。そう、この人は構内の隅で横になっていたホームレスのおじさんでした。ドイツから移民としてやってきたこの男性は仕事も見つからず駅で日中を過ごしていたようです。私のお腹がグゥ～と鳴っていました。

「おねえちゃん、お腹が空いてるんだね〜」

彼は手に提げていたビニール袋からチーズを取り出し、半分ちぎって私に差し出しました。

「半分はね、僕の明日の分だから全部あげられないんだ、あとね、時々警官が見回りにくるから気をつけて」

彼から手渡されたチーズからは強烈なにおいが放たれていましたが、あまりにもお腹が空いていたので息を止め、ありがたくいただくことにしました。ダンボールで暖をとったおかげで私は寒さを凌ぐことができました。

翌朝、構内のベンチに横になって寝ていた私は、人の気配で目が覚めました。

「あの〜、日本人じゃないですか？　どうしました？　そんなところで？」

流暢な日本語で声をかけてきてくれた男性、駐在員としてロンドンに来ていた方です。日本語で声をかけてくれたのが嬉しくて事情を説明すると、彼はお金を貸してくれました。いや、それきり会うことはなかったので、いただいたというのが正しいのでしょう。

私は早速エミリーの家に電話をかけました。彼女の母が電話に出ると、どうやら、お父さんとの待ち合わせの日を一日間違っていたようです。エミリーのお父さんは前日に駅でずっと私を待っていてくれましたが私が現れないので心配していたということです。

その日、お父さんは仕事なので私は郊外にあるエミリーの自宅近くの駅まで電車で行くことにしました。駅に着くまでは不安でしたが、駅の改札口で待っていたエミリーのお母さんの顔を見るとホッとして涙が出てしまいました。

エミリーが不在の間、しばらく私は屋根裏部屋に住むことになりました。

私はいつまでもお世話になってはいけないと、彼女のお母さんからロンドンでどうやって仕事を見つけられるか尋ねました。

「ルーツっていう新聞が駅の売店で販売されているわ、それに求人広告が掲載されているはずよ」

早速新聞とロンドン市内の地図を購入し、私にでもできそうな仕事に片っ端から赤線を引きました。その日から私は毎朝公衆電話をかけられるように売店でキットカットを一つ買い、小銭を貯めていました。公衆電話から何件電話をかけたかわかりません。無理もありません。就労ビザを所有していない私が断られることはたびたび、やっと一件見つけられた仕事は、ベビーシッターの求人募集、先方から「面接に来てください」と。相手先の住所と電話番号のメモをとり、地図を頼りに相手先に赴きました。

依頼主のお宅に着き、呼び鈴を押しても誰も出てきません。玄関先の階段に座り、半日ほど住人の帰りを待っていましたが誰も現れず、私はエミリーの家に戻りました。

「面接どうだった?」

「家には誰もいなかったの」

そう答えると、

「そんなひどい！　私が電話してあげるわ」

お母さんは約束していたお宅に電話かけてくれました。

「カズサ、ごめんなさい。貴方どうやら住所の番地間違っていたみたいよ。もう一度面接してもらえないか、頼んでみたけどもう決まってしまったそうなの」

気を落としていた私に、

「ちょうどスコーンが焼きあがったところよ」

と、ミルクティーとスコーンに自家製のイチゴジャムを添えて出してくれました。エミリーの弟が学校から帰ってきて、一緒に食べました。

二日後、ようやく個人宅の清掃の仕事が見つかりました。週に二日程度でしたが、エミリーのお母さんの友人宅の清掃も頼まれることになりました。

仕事に行く時は、エミリーのお母さんのホームメイドのビスケットと、水筒にミルクティーを入れて持っていきます。

「飲み物は買わないで節約するのよ」

エミリーのお母さんがよく言っていました。

彼女の紹介で、週末にはコミュニティーカレッジで英語を学ぶことにしました。コミュニティーカレッジで英語を学ぶ人といえばヨーロッパからの移民者が多く、アジア人は私だけです。先生方はボランティアでしたが、何よりも一回の授業料が安く、一ポンド（当時の一ポンドは三〇〇円ほど）でした。

ロンドンには数多くのの語学学校がありました。日本人を積極的に受け入れている学校は、授業料は高く、それでもクラスの大半が日本人。それに比べるとコミュニティーカレッジにはアジア人は少ないため、生徒同士は英語で会話するため、英語の上達としてコミュニティーカレッジはお勧めです。

またここでは移民たちにとっての情報交換の場ともなっていました。

一か月後にはお世話になったエミリーの家を離れ、クラスメイトのスペイン人とルームシェアをすることにしました。

ある日、遊びに来ていた彼女の友達が、教えてくれました。

「私、お寿司が大好きなの。時々友達と日本食レストランに行くわ。そこのオーナーが日本人ウエイトレスを探しているみたいよ。お掃除なんかより給料いいはず」

私はすぐにそのレストランに連絡をとり、面接してもらえることになりました。

そのレストランの暖簾には「サッポロ」と書かれていました。

暖簾をくぐりお店に入ると、寿司カウンター席が四席、六つのテーブル席が両側にあるぐらいの広さです。

奥から着物を着た女将さんらしき人が現れ、「少し待っててください」と言われました。ちょうど開店前の準備で忙しかったようです。

女将さんは私の履歴書に目を通し、仕事内容の説明を一通り終えると言いました。

「今日、一人休みなの。今日からでも手伝ってもらえる?」

特に予定がなかったので、早速その日からお店で働くことになりました。

日本では、接客業どころかアルバイトの経験もゼロでした。

「サッポロ」のお客様は地元の方々が多くほぼ英語での接客でした。

私が制服に着替えていると、

「オハヨウゴザイマス」

片言の日本語を話す女性がお店に入ってきました。半年前からこのお店で働いていた韓国人のミンさんです。韓国の高校を飛び級して卒業、大学に入学するまで一年間をロンドンのお兄さん宅で暮らしていました。私はミンさんからテーブルのセッティング、お茶の用意、お客様が帰られてからの後片付けの手順を教わりました。仕事の合間には英語のメニュー説明も覚えました。

「私、すき焼きが好きなの。あの割り下の作り方を大将に教えてもらったわ!」

とミンさんが言いました。私はすかさず、

「割り下って何?」

と聞き返すと、

「えっ？　割り下を知らないの？」

関西出身の私は、すき焼きの時はお肉や食材を鍋に入れ焼きながら醤油、砂糖、お酒を入れて味をつけていくもので、それが万国共通の作り方だと思っていました。後に、この店で初めて大将（女将さんのご主人）から、割り下の作り方を教わりました。割り下を作っておけば、すき焼きだけではなく、煮物、親子丼や野菜炒め、なんにでも応用できることも教わりました。

テーブルに用意された鉄鍋、割り下を入れた瞬間の「ジューッ」、この音にお客様は大喜びです。

小さなお店ではありましたが常に満席、英国の有名なミュージシャンや一流のデザイナーさんなど、一度は名前の聞いたことがある方々も来店されていました。

お店にも慣れ、私も注文を取るようになっていた頃です。英国で人気があった女性歌手が三名で来店され、私が接客を担当しました。

その方はお店に何度か訪れていましたのでメニューの説明はいらないでしょうが、一応一通りのメニューの説明をしました。

「ドリンクは何にいたしましょうか」

彼女がクスクス笑いはじめました。

「貴方の英語変よ〜」

彼女が私の話す英語を真似すると、同席していた他の人たちが大笑い。私は顔が真っ赤になり、すぐさまキッチン戻りました。

その様子を見ていたミンさんは、私の背中を撫でながら、

「気にしない、気にしない。あんなことしょっちゅうよ。皆じゃないけど中には、アジア人を見下している人たちもいるのよ」


三つ年下のミンさんとはプライベートでも仲が良く、彼女の家に泊まりに行き、彼女の義姉さんが作る韓国料理をご馳走になっていました。彼女がお店に出勤すると、まずトイレ掃除を楽しそうにしていました。

「そんなにトイレ掃除楽しい？」

「女将さん、トイレ掃除すると美人な子供が生まれるって」

ミンさんが答えました。彼女のお父様は政治家、お母様はアメリカでビジネスをしていたため、お手伝いさんに育てられた彼女はこのお店に来るまで家事を一切したことがなかったのです。食事も、お手伝いさんが作った料理を一人で食べていたミンさんにとって、大将が作る賄いを皆で食べる時間が何よりも楽しみと言っていました。

三か月後には、彼女はお母様のいるアメリカに戻っていきました。

ロンドンは日本からの留学生が多いためか、アルバイトも次から次へと入れ替わり、二〇歳を迎えた私は、女将さんから新人の指導を任されていました。寿司カウンターには板前さんが一人、厨房には大将と中国人の洗い場さんが一人、忙しい時は接客の合間に私も盛り付けを手伝わなければ人手が足りません。五時からの開店と同時にお客様が来店され、一〇時に閉店、休む暇もなく後片付け、賄いを食べて帰宅する頃には午前一二時を過ぎていました。今思えば若い娘が一人電車で帰宅、危険すらなかったのは運が良かったのでしょう。

昼は清掃の仕事を続けていましたので疲労もたまり、注文ミスや釣銭を間違えることでたびたび女将さんから注意を受けていました。女将さんは小柄な方でしたがチャキチャキの江戸っ子、一方大将は物静かな方でした。

女将さんは叱っても、賄い時には、

「もっとご飯食べなさいよ」

ニコニコ顔でご飯を山盛りによそってくれます。

「朝ごはんに持って帰りなさい」

と、余ったお料理を容器に詰めてくれた人情深い方でもありました。

ある日お客様の接客をしていた私、奥の厨房でやかんを沸かしていたことをすっかり忘れていました。

私が厨房に戻った時には、シューシュー音を立てていたヤカンからお湯が溢れ出ていました。

ついに私のミスに堪忍袋が切れた女将さんが小声で言いました。

「ちょっと、お手洗いに来てもらえる？」

私がすぐさまお手洗いに行き、数分後に女将さんが入ってこられました。私の顔をじっと見つめ、

「お疲れ様でした。貴方にはこの仕事は向いていないようね」

と、クビを言い渡されたのです。女将さんはやかんが溢れたことに対して叱っていたのではなく、私が接客という仕事をまったく理解していなかったことに懸念を抱いていたのです。私はただこの国で生活していくために一日中仕事をこなしていました。

そんな時、ミンさんから一枚の絵はがきが届きました。

「『サッポロ』の皆は元気？　またすき焼き作りたいー」

いつも笑顔で接客していたミンさんのことを懐かしく思い出しました。

「すき焼きって好きな人と食べるからすき焼きっていうんですよ、家族とか恋人とかね」

そう言ってすき焼きを作っていた彼女の席からはいつも笑い声が聞こえてきました。決して彼女の英語は流暢ではありませんが、初めて日本食を召し上がるお客様に対しても丁寧にわかりやすく説明していました。常連さんのなかには彼女を指名なさる方もいました。

ミンさんから接客の本質を教えてもらった気がします。
あれから三〇年以上経ちますが、どんな時もあきらめずに続けてこられたのは、「貴方には接客は向いていない」と投げかけられた女将さんの言葉があるからでしょう。

アシスタントディレクター

料理は、美術、歴史、生物、算数など、学校、特に義務教育と言われる過程で学んできたすべての科目に関連づけられます。料理人ほど、そこで習ったことが役立てられている職業はないでしょう。中学生の頃、家庭科の授業で、足踏みミシンを使いパジャマを作らなければなりませんでした。どうも私は足踏みミシンが上手く使えず、結局夏休みに入り、祖母に縫ってもらったことがあります。

家庭科の成績はさほど良いものではありませんでした。家庭科どころか算数、国語、社会、音楽まるでダメでした。

なんとか補欠で入学できた私立小学校、最初の授業参観で父兄が教室の後ろで見ている中、簡単な算数の問題も解けず、皆手を挙げているのに私は手を挙げることすらできませんでした。勉強がダメならせめて運動ぐらいはできても良さそうなものですが、跳び箱は跳べるまで居残りさせられていました。その時から私は落ちこぼれの生徒という劣等感を背負っていました。

唯一私が目を輝かせる授業が英語のカルタ取りでした。二人一組、勝ったほうがオレンジ色のシールをもらえます。五回勝てば星形の金色のシールがもらえました。私は金色がたまると友達に見せびらかすこともなくじっと眺めていました。

小学校三年生の夏休み、神戸から北海道小樽に引っ越しました。今でこそテレビの芸人さんが関西弁を何の違和感もなく話していますが、当時、関西弁は異国の言葉に聞こえたようです。転校した小学校で私が友達に話しかけると、

「かずさちゃん、なんて言ったの？」

友達はきょとんとした顔をしていました。

中学生になっても、朗読の授業で先生から私の話すイントネーションがおかしいと何度も注意されました。

思春期ともなれば人の目を気にするようになり、友人と過ごすよりも一人で図書室で読書や礼拝堂で空想していることが好きな子でした。

私の時代はテレビが全盛期、学校から帰宅してテレビを観ることも楽しみの一つ。アイドルがフリフリのドレスでステージに立ち、歌い踊っている姿は女の子にとって憧れの世界でしょうが、私は歌番組より報道番組を観るほうが好きでした。スーツ姿の女性

キャスターが震災で倒れた瓦礫の上に立ち、現場の状況を伝えている姿は凛々しく、私にとって憧れの存在でした。私はテレビの前で食い入るように見ていました。海外を飛び回りどんな危険な地でも取材に行くジャーナリストってなんてかっこいい職業なんだろう。

ロンドンから帰国後、私は制作会社に就職しました。平成五（一九九三）年のことです。日本はバブル全盛期、就職に困ることがなかった時代。大学を中退した私でも、世間は寛大でした。

私が初めて配属されたのは、キー局の朝の報道番組でした。まだ夜が明けない午前三時にタクシーで出社、新入りの仕事は前日の野球中継のスコアを確認すること、朝刊全紙に目を通し視聴者の興味をひくネタを集めること、キャスターの身の回りのお世話でした。

担当していたディレクターからは、いつも言われていました。

「新聞のどんな小さな記事でも何か面白い企画が生まれる可能性があるから見落とさないで」

私は毎日番組が終わると新聞から切り抜いた記事をスクラップブックに張り付け、思いついた企画をノートに書き込んでいました。何冊もスクラップブックを作っているのを見ていたディレクターは、私が企画会議で発言しないのを見かねて、企画箱をスタッフルームに置いてくださいました。

「これからはこの箱に思いついた企画を書いて入れなさい」

私はその箱に毎日何枚もの企画書を投稿しました。企画会議で新入りが発言できるわけがありませんが、企画箱があれば、それがプロデューサーの目に留まります。

ある企画会議でプロデューサーが尋ねました。

「この『世田谷の美味しい屋台ラーメン』を書いた〝かずさ〟って誰？」

「はっはい、私です」

急に私の名前が呼ばれ、椅子から転がり落ちそうでした。この頃から屋台ラーメンをテレビで紹介すると視聴率がとれる番組が増えていました。

その場にいたスタッフの視線が私に注がれました。

「面白いじゃない。もっと調べて」

企画が通り、私に任せられるなんて信じられない気持ちで胸がバクバクしていました。

それから私は現場に取材に行き、原稿の起こし方、編集の仕方をディレクターから教わりました。初めて任せられた仕事です。これほど夢中で何かに取り組むことはありませんでした。

徹夜明けに一度帰宅、すれ違う同年代の女性たちはボディコンスーツに身をまとい流行りのメイク。一方私はノーメイク、Tシャツに履き古したスニーカーといった格好。

華やかに着飾った彼女たちを羨ましいと思う気持ちはなく、仕事を任されているという人生で一番自信に満ち溢れた気持ちでした。

三〇分番組で、私の担当は三分にも満たないものでした。でも最後のテロップに私の名前を見つけた時は嬉しいものでした。

私の担当した企画が評価され、海外で起きた珍事件というコーナーを任されるようになりました。番組が終わりとなり、最後の週では、構成を任されるという大役です。番組をかけもちもしていたスタッフが多く、皆さん忙しかったこともあるのでしょう。

新番組からも声をかけてもらい、旅番組を担当することになりました。ロケの下見に行った時は、男性スタッフたちとの同部屋も当たり前の時代です。

徐々に私の仕事も認められ、24時間テレビ富士山中継のアシスタントディレクターに抜擢されました。24時間テレビの富士山中継では一週間富士山近郊に滞在、毎日富士山に登り何度も中継地点を決め、リハーサルを行っていました。山の天候は変わりやすく、麓が晴れていても頂上は大雨のこともありました。

ロケハンも終盤を迎えた頃、天候が荒れていたため、私は数人のスタッフとブルドーザで七合目付近に向かっていました。土砂崩れで登山者にけが人がでたと連絡を受け、ロケハンは一旦中止。車の揺れがひどく、とっさに私がつかんだのは排気口でした。私の右手はジューッと音をたてるほどに、やけどを負ってしまいましたが、万年雪で手を冷やしたおかげでまったく跡が残らずにすみました。女性をスタッフに加えるというだけでも当時は足手まといという理由から、いい顔をしめさない人もいましたので、やけどのことは誰

24時間テレビで富士山へ

にも言うことはしませんでした。

小さい時に淡路島で祖母宅の裏山を駆け回っていた私にとって山登りはお手のもの、山での緊急時の処置も心得ていました。

私が先頭を切って富士山を登っていたので、その時のあだ名は「サル」でした。携帯用酸素ボンベを持参していましたが、私は一度も使用することはなかったのです。おかげで翌年はチーフアシスタントディレクターとして24時間テレビに声をかけていただきましたが、海外のエンタメ番組を手がけることが決まっていました。毎週映画の試写会に行き、来日された海外のアーティストにインタビューするという、私がこの世界に入ってからやりたかった仕事でした。

食い入るように見ていたテレビの作る側となりその現場で仕事ができたことはその後の

自信の根源となっています。四年間という短い期間でした。
父が他界し、家業を手伝うため、私は一旦帰郷することになりました。

コンシェルジュになってみました

翌年三〇歳を迎える年に、私はタイ南部にあるプーケット島にいました。プーケット島といえばビーチリゾートで、大勢の日本人観光客も訪れる島です。

その島北東にカオプラテーオ自然保護区があります。観光場所となっていますが、日本人はあまり訪れない場所です。そこのバンベー滝の入り口にある「プーケットギボン保護センター」で私はボランティアスタッフとして働いていました。

保護センターのギボン

ギボンとは、フサフサの毛と白い顔が特徴の愛らしいテナガザル。長い手と尾を使い、木から木へ飛び移ることができます。絶滅危惧種とされているギボンは、タイでは天然記念物として、国際的にもワシントン条約で取引を禁じられ保護されています。

しかしひと昔前までは、密猟者が販売や観光客への見世物目的で子ザルを捕らえていました。子ザルを捕獲するには母サルを殺傷するしかありません。煙草をくわえさせられた子ザルと観光客が記念写真を撮っているところに出くわしたことがあります。成長したサルは手に余り、狭い檻に入れられてしまいます。

プーケット島には野生のギボンは生息していませんが、保護センターではギボンを野生に返そうと保護活動をしています。一度飼いならされた動物を野生に戻すことは難しいものです。私は施設を訪れた観光客にボランティアの活動やギボンの生育について解説していました。実際に離れた所からギボンを見学できます。

ある日、珍しく日本人女性がボーイフレンドと施設を訪れてきました。初めは二人は英語で会話をしていたので、彼女が日本人だとは思わなかったのですが、彼女のほうから日本語で声をかけてきました。

「日本人の方ですか?」

「はい」

「私、この近くのホテルで働いているあゆみです」

施設を案内し終わった後、彼女に、休みの日にでもホテルに遊びに来ないかと誘ってもらいました。早速、次の休日にホテルを訪問しました。

彼女の勤めるラグナビーチリゾートホテル（現在ホテル名は変更）には、常勤三名の日本人コンシェルジュがいました。

プライベートビーチまでは吹き抜けのロビー、タイ人スタッフがウエルカムドリンクを運んできました。

「観光ですか？」

「あっ、いいえ」

（そうだ、私はリゾート地に来ているんだった）まだ一度もビーチに行っていませんでした。

保護センターで会った時はTシャツにジーンズでしたが、今日のあゆみさんはタイの民族衣装のユニフォーム姿に髪をお団子にしていて別人のようでした。彼女にホテルを案内してもらいました。そして帰り際に、あゆみさんは言いました。

「私、来月で契約終わりなんです。先日一緒だったアメリカ人の彼と結婚するの。それで一人欠員がでることになって……、ねえ、よかったらこの仕事やってみない？　かずささん、向いてそうだなと思って声かけたの。よかったら連絡して」

彼女から名刺を渡されました。アメリカ生活が長くとてもフランクに話す彼女は、どこか日本人離れしているように見えました。

翌日、彼女にホテルを案内してくれたお礼のメールを送り、私が来月帰国することになっていることを伝えました。

彼女からは、次のような返信がありました。

〈うちのGM（ゼネラルマネージャー）がね、来月大阪に出張なの。私からかずささんのこと話しておくから一度会ってみて？〉

もしホテルで働くとなれば、あと二年間はタイに住むことになる。そんなことを考えもしていませんでしたが、会ってみるぐらいならと軽い気持ちで私は承諾しました。

GMが宿泊していた大阪のリッツカールトンのバーで、彼に会うことになりました。

GMとゆっくり会話をする機会はその時が最初で最後だったと思います。ホテルの仕事を始めてからは、彼とは挨拶程度、会話をすることもありませんでしたから。

ラグナビーチホテルはプーケット国際航空から車で約二五分、豪華なヴィラやおしゃれなカフェが点在する高級リゾートエリアのバンタオビーチにあり、ラグーンを取り囲むように他三つのホテルが隣接しています。中でも有名なバンヤンツリーホテルは、日本の有名人の宿泊客も多いホテルです。

現地のスタッフとして採用されたとはいえ、タイ人スタッフに比べると外国人雇用の待遇は良いものでした。敷地内のスタッフ用アパートはタイ人スタッフなら二人一部屋、外国人は個室を与えてもらっていました。スタッフ用の食堂がありましたが、私たちはゲスト用のレストランでも食事が可能でしたし、シャトルバスを利用して街にも行くことができました。

私は島内を一周してみたいと一人でバイク店に行き、中古のバイクを購入しました。それまでバイクの運転経験はなく、店員さんに即興でバイクの運転を教わりました。私はタイ語が当時は理解できませんでしたが、アクセルとブレーキがわかれば、よし、いざ出発！

いさぎよく出発してはみたものの、いきなり勾配の急な坂道で横転。どうやらギアの入れ間違えのようです。それを見ていた小学生の男の子と、弟らしき子がすぐさま駆け寄ってきて、私の横転したバイクを起こしてくれました。そして彼らが一生懸命ジェスチャーで坂道発進の仕方を教えてくれたのです。

なぜ小学生がバイクの運転を知っているのか？　タイでは、生活手段としてバイクに乗っていました。一家に一台の必需品です。生活のためなら小学生でも運転します。一台のバイクに親子四人が乗っているなんて日常のこと。それゆえにバイク事故が多いのも事実。道路も平坦な道だけではなく、砂利道に大きな石がゴロゴロ。（危ない！）と思った瞬間に、横転してしまい、痛いよりも恥ずかしいが先にくる……こともありました。

洪水の中でも走りぬける私のたのもしいバイクも、私に買われたのが運のつき。五回ものバイク事故は自慢できたものではないですね。最後は肩の骨を骨折する大事故に、全治一か月。周囲に心配かけるならバイクの運転はあきらめようとあっさり友人に譲りました。

さて、私のコンシェルジュぶりはというと、決して「いいね！」がもらえるような仕事ぶりではありませんでした。特に研修というものがないまま、最初の一か月はしっちゃかめっちゃか。お客様のフライト予約時間を間違えてしまったり、ショーを予約したお客様の名前を間違えた時は、隣のデスクにいるタイ人のコンシェルジュ、カイさんにフォローしてもらいました。

「エージェントにお客様の名前を伝える時は、一字一字、AはアップルのA、BはBIGのB……と確認するといいわ」

お客様からのアンケート用紙に、日本人コンシェルジュの英語が良くないと記入されていたことがあります。これにはショックでした。それからはカナダ出身のフレンチシェフに頼みこみ、週に一回発音のレッスンを受けていました。ついでにフレンチも習っておけばよかったと今となっては思います。

コンシェルジュになりました

一年が経った頃からはVIPのお世話を任せられるようになりました。ある時、アメリカにあるグローバル音楽企業のアジア支部の

ＣＥＯがプライベートで宿泊にいらっしゃいました。後日、プライベートビーチを一週間貸し切り、イベントが開催されることが決まりました。音楽関係者がアジア各地から招待され、最終日にはメインゲストとしてデスティニーズ・チャイルドが来ると聞かされていました。当時、メンバーにはビヨンセがいました。タイ人のスタッフは興奮するなか、私はどこの国の誰かもわかっていませんでした。

イベント最終日、宿泊マネージャーに呼びだされました。またお客様からのクレームではと思っていたところ、

「一二時にロビーに彼女たちが乗ったリムジンが停車するから、君が花束を渡してくれ。よろしくね」

私がロビーに行くと、フローリストから花束を渡されました。車を待ちながら、なんて彼女たちに挨拶しようかと考えていると、フローリストの彼がかけよってきました。

「ダメよ〜、そんな顔じゃ〜。メディアに写るのだからスマイル。スマイル」

到着予定時刻から一〇分が過ぎ、ロビーに待機していた各プレスがざわついてきた時に車がゆっくり車寄せに上がってきました。この時ばかりと、スタッフ、宿泊客もロビーに集まってきました。プレスも今かとシャッターの瞬間を待ち構えていました。車が停車し、ドアマンが車の後部座席のドアを開け、中から降りてきたのは、身体の大きな黒人男性。私はこの人だと思い、満面の笑みを浮かべて、歓迎の挨拶をしました。

「ようこそラグナビーチへ！」

するど彼は、

「オウ！　ノー！」

と言って後ろを指さしました。私が花束を渡そうとした人はボディガードだったのです。その後ろから現れた、背が高く、ミニスカートから足がスラリとでている黒人女性がビヨンセでした。

なんという失態。せめて顔ぐらい調べておくべきだったのに。失態を挽回すべく彼女たちの滞在期間中のお世話は滞りなく終えることができました。

契約終了間近、共に働いていた他二名の日本人コンシェルジュたちは契約更新したようですが、私は契約を更新することなく、バンコクの大学でタイ語を勉強することにしました。

コンシェルジュとなった私はおもてなしという面では、学ぶべきことも多かった二年間でした。

私がまだコンシェルジュだった頃、家族がプーケットに来てくれました。ハイシーズンは、宿泊料金が高いにもかかわらずほぼ満室となっていましたが、宿泊マネージャーが喜んで部屋をとってくださいました。大みそかにはイブニングドレスを着て家族とチャリティーガラパーティーに出席しました。中華店で注文したという真空パックになった中華のおせちを日本から持ってきてくれるとは思いもしませんでした。おせちで家族と新年を祝うことができたのは忘れられない思い出となりました。

母はプーケットが気に入ったのか、私が日本に帰国してからも幾度かプーケットを訪れていたようです。母からこのホテルが他ホテルに売却されて名前が変わったことを知らされました。

その後、バンコクで結婚、出産を経て八年もタイで暮らすことになるとは思ってもいませんでした。

津波　そして我が家のお手伝いさん

私は二日後に控えた挙式で行うビンゴ大会の賞品をバンコクの自宅で準備していました。

そんな時に母からの電話。

「プーケットが津波に襲われたようよ。挙式大丈夫？」

挙式はプーケットで行うため、私たちは翌日バンコクからプーケットに出発予定でした。

すぐさまテレビをつけると、どの局もスマトラ沖地震の報道、そして信じがたい光景が幾度も放映されていました。それはパトンビーチが見渡せる小高い丘に建つホテルから撮影されたものでした。日本から来た私の友人もそのホテルを利用したことがあり、多くの日本人観光客が宿泊していました。今、目にしている映像には、そのホテルから見下ろした崖の下にイタリアンレストランがあります。私は、高波がそのレストランを呑み込み、波が引くと同時にテーブルや椅子が沖に流されている、現実とは思えない光景でした。

平成七年に起こった阪神淡路大震災の記憶が蘇ってきました。北海道に帰郷して間もない時です。

まだ寝ていた私は大きな叫び声で目を覚めました。

「これ見て、早く！」

母の声です。

私は急いで一階に降りました。テレビに映る映像は、目を疑うものでした。高速道路が崩壊し、大木のように倒れているビルや、横転しているバス……。しばらくして震源地が淡路島北部と報道されました。

淡路島の南東部、洲本に住む祖母は大丈夫なのか。母が親戚に電話をしても連絡がとれません。

関西に向けてのフライトが再運航されるのを待ち、神戸に飛び立ったのはそれから一週間後でした。伊丹空港から神戸までは高速道路も切断されていたため、通行可能な所まではバスで行き、そこからは高速道路を歩き神戸まで行きました。現実とは思えないものでした。途中ビルが倒れ、道にはガラスの破片がちらばっていました。見慣れていた景色が変わり果て、今どこにいるのか見失ってしまうほどでした。時間の経過がわかりませんが、ようやく三ノ宮駅歩道橋までたどり着くことができました。

三ノ宮駅から叔母のマンションまでは目と鼻の先、私はその時帽子を被っていませんでした。「余震でビルからまたガラスの破片が落ちてくるかもしれないから、帽子がないならタオルを頭に巻いておきなさい」と通りすがりの人に声をかけられ、私はリュックからタオルを出して頭に巻きました。

倒壊しかかっていた叔母のマンションの前に佇んでいるとそのマンションの住民の方は皆、近くの小学校に無事避難していることを教えてもらいました。私は体育館に避難している叔母に会いに行き、無事がわかると淡路島の祖母の無事を確かめに行くことにしました。

小学校の入り口では炊き出しが行われておりました。

「おねえちゃん、家族に会えた？　おにぎり、食べていきな」

被災したわけではない私が食べては申し訳ないと思いながらも、つい手を出した時には、手の平に真っ白いおにぎりがのっていました。私はおにぎりにかぶりつきました。なんて美味しい！

港につくと何十台もの車が海の底に沈んでいるのが見えます。淡路島行きフェリーはいつ出航するかわからない状態で、行列をなして皆待っていました。私もとにかく待つことにしました。ようやく島を訪ねたところ、幸い祖母も無事でした。

そんな記憶が蘇ってきました。

日本から家族や友人が出席することになっていたので、もしプーケットでの挙式が二日早かったら……。挙式と披露宴はキャンセルとなりました。

プーケットの友人に連絡を取りたくてもしばらくは連絡がとれませんでした。幸い友人の中には犠牲者はいませんでしたが、報道で日本人の犠牲者がいたことを知った時には胸が痛みました。

しばらくはふさぎ込み、食事ものどが通らない状態でした。その後、妊娠がわかりました。どうやらつわりだったようです。

つわりがひどく日本に帰国する知人からお手伝いさんを紹介してもらいました。お手伝いさんなんて贅沢！　他人に家事を任せることに罪悪感を抱いてしまうのが日本人です。

お手伝いさんが来る日は、そわそわしていました。

「オクサン、ネテイテ」

片言の日本語ができるティムさん。

日本の企業の駐在ともなれば、お手伝いさんを雇うのは一般的、子供がいる家庭では助かります。ずっとタイに暮らしたいと願う駐在員の奥様もいます。ティムさんが来てくれたおかげで、我が家で飼っていた二匹のチワワの散歩をお願いすることもできました。一匹は警戒心が強く、誤って人を噛んでしまうことがありました。日本に連れて帰ってからも、何度菓子折りをもって謝りに行ったことでしょう。しかしティムさんにはすごく懐いていました。

私のつわりが日に日にひどくなり、起き上がることもできない時に、ティムさんがお粥を作ってくれました。

「オクサン、オカユタベル？　オカユタベルトゲンキヨ。オチチモヨクデル」

ティムさんのお粥は市場で買ってきた鶏肉半身にお米を入れてコトコト炊いていきます。日本人は醤油が好きだからと少し醤油を加え、最後にたっぷりのパクチーをのせます。アツアッツのお粥は美味しく、

「アロイマーク（とても美味しい）！」

私はティムさんにそう伝えました。

日本に帰国してからも娘とタイ料理店によく行っていました。家の近くのタイ料理店の

メニューにはお粥はありませんが、店員さんにお粥を頼むと作ってもらえました。これにたっぷり胡椒をかけて食べると、さらに食欲が進みます。

つわりが治まって体調が良くなり、臨月ともなると、ティムさんから提案がありました。

「オクサン、サンポニイコウ」

二人で散歩と称して市場に出かけていました。珍しい野菜を見つけると、彼女がその野菜をどう料理するかを説明してくれます。

時々ティムさんは、日本人の奥さんから料理を頼まれタイ料理を作ることもあるようです。たまには日本料理も作ってあげたいと言うティムさんに、

タイ人が好みそうな日本料理として親子丼と味噌汁を彼女に教えてあげました。

味噌汁にはネギの代わりにパクチーを入れても良し、彼女は熱心にメモをとっていました。

「ティムさん、味見してみて」

「アロイ！」

私はティムさんからタイ料理を何品か習いました。日本人女子はタイ料理が好きですね。

私の娘は、ティムさんが作る生春巻きとタイラーメンが好きでした。

出張料理人をしていた時にも、タイ料理のリクエストが多く、彼女から教わったタイ料

理を作ってはお客様に喜んでいただきました。

躁鬱になりまして

平成二〇（二〇〇八）年にタイから日本に戻り、一年目は福岡で暮らしておりました。娘は三歳、バンコクではお手伝いさんとも片言のタイ語を話すようになっていました。八年間日本を不在にしていた私は浦島太郎状態。まったく知らない土地、まずは娘に友達を作ろうと週二～三回市内の児童館に通い始めました。同年代の子たちは片言でも日本語を話し、娘にも話しかけてきますが、日本語ができない娘。海外で暮らしていたとはいえ、なぜ日本語を覚えないのかと焦りを感じていました。

児童館に来るママさん同士はいつも顔なじみの常連さんの様子、なかなかママさん方の会話に私も溶け込めず、次第に児童館から足が遠のいていきました。

午前中から娘をバギーに乗せて、時には犬も連れて公園を転々とする日々でした。ひとけのない公園を見つけては娘と砂場で遊んでいました。

「お子さん、ちゃんと見ていないと危ないわよ」

「えっ？」

私が犬のフンを処理していてちょっと目を離したすきの出来事です。自転車に乗り通りかかった女性がブランコのほうに一人で行く娘を指さして私に言い放ちました。

「なんてダメな母親なんだろう」と自責の念にかられたような気がしました。

翌年、主人の仕事の関係で東京に引っ越し、私たちは江東区に住むことになりました。娘を幼稚園に通園させるにもすでに公立幼稚園の入園手続きは終了、江東区の私立幼稚園は空きがない状況、やむをえず江戸川区の私立幼稚園にスクールバスで通園することとなりました。

初めて幼稚園に娘を登園させた時、あるママさんに話しかけられました。

「みゆちゃんのところ、兄弟は?」

「いません」

「そうなの?」

そのママさんは他のママさんと会話をはじめました。

「うちは上の子にまだ手がかかってねー」

「ユウタ君ママ、あと何か月で生まれるの?」

大きなお腹をさすりながら話をしているママさんが答えます。

「あと三か月ぐらいかな。そろそろ仕事休もうかと思って……」

私は、誰とも話すことができずにじっと娘の様子を見ていました。

幼稚園で友達ができた娘は、帰宅しても遊べる友達がいないとぐずり、そんな娘をなだめるために習い事をさせていたようなものです。

ある日曜日、公園の砂場で娘が同じ年頃の女の子と遊んでいました。女の子は持っていた遊び道具を放りっ放しにして、一人でジャングルジムに行ってしまいました。残された娘は、女の子のスコップとバケツで遊び続けていましたが、その子のママが砂場に置いていた遊び道具を娘にとられたと思ったようです。

「うちの子のおもちゃ、返していただけませんか？　お宅は一人っ子なんですか？　やはり一人っ子だとわがままになりますよね」

今なら大したことを言われたわけではないと思えても、当時は、他人から言われたなにげない一言に過敏に反応してしまいました。

またその頃、飼っていた犬が目の前で車に轢かれて亡くなってしまいました。

精神的に追い詰められ、周囲の人や家族とも次第に疎遠になっていきました。

娘をスクールバスに送った後は、寝込む日々。気づいたらとっくに迎えの時間を過ぎていたこともありました。バスは親がお迎え場所にいなければ、園児を連れて幼稚園に戻ってしまいます。

多忙な主人には相談することはできず、精神的に不安定な状態が続いていましたが鬱になっていたとの自覚症状はありませんでした。

そんなある日、ピンポーンと家のチャイムが鳴りました。インターフォンに見知らぬ女性が二人。何かの勧誘かもとすぐに切ろうとした時、女性が言いました。

「〇〇幼稚園のＰＴＡの者です」

「あっ、はい」

私は幼稚園に顔を出すことがなかったので、その女性たちが誰なのかもわからなかったのです。

ドアを開けると、彼女たちは会釈をして、

「幼稚園のＰＴＡ役員の萩です。うちの娘はミユちゃんママと同じクラスなんです。ミユちゃんママが幼稚園に来られないのでどうしていらっしゃるかなと思いまして……」

「これ、一緒に食べませんか？　亀戸の駅前で買ってきたエクレアなんです」

そう言って紙袋を見せました。

家族以外の他人が家に入ることは初めてでした。

私の現状を説明すると熱心に耳を傾けていたお二人のうち、メモをとられていた岩本さんがふとペンを止め、急にすすり泣きだしました。

「私、産後育児が上手くできなくなり、子供におっぱいもあげることができなかったんです、お医者さまからは産後よく見られる産後鬱と言われました」

萩さんは彼女の背中をさすりながら、

「私は、姑との相性が悪くて、主人の実家に行くたびにひどい言葉を浴びせられていたんです。姑に言われたことは一生忘れないわ」

「つらい時は、私たちに話してください。些細なことでもいいんです。幼稚園に来られないのであれば、私たちがいつでも伺います。連絡くださいね」

「一人で悩まないで」

優しい口調で語りかけてくださる二人に、私はその瞬間、涙がポロポロこぼれ落ちました。その後、幼稚園での娘の様子や行事などを事細かく話していただきました。

久しぶりに口にしたエクレアの味、甘い生クリーム。

「美味しいですね～」

そして、私は萩さんから紹介していただいた病院に通院することにしました。

以前、病院から処方された薬の過剰摂取のため、病院に入院したこともあり、そのことはお医者様も周知の上。今回はきっちりと一日の薬の摂取量が決められていました。お医者様から「子育てや環境の変化によって孤独感を感じたり、情緒不安定に陥るのはめずらしいことではないのですよ。ここまでよく一人でがんばってきましたねえ」その言葉に、私は救われた気がしました。

なんといっても大切なことは、薬の処方よりも、親身になって話を聞いてくれる人がいること。周囲の理解、協力も必要ですが、まずは自分から悩みを打ち明けられる少しの勇気があれば、心に明かりがともされるのではないでしょうか。もしこれを読んでいて苦しんでいる方がいらしたら、自分の悩みなんて大したことではないと思わないでください。

私の症状は軽減され、娘の卒園式に出席することができました。

四五歳調理師免許取得

大学時代、叔母の家に居候していました。

卒業後の進路をどうするか、何をすべきか模索していた時、叔母が言いました。

「実家が飲食業を営んでいるんだから、調理師か栄養士の資格を取ってみたら？」

「いやよ、あんな大変な仕事」

絶対料理の道だけには進まないと決めていたのに、どういうわけか四〇を過ぎ、両親と同じ道を歩むことになりました。

躁鬱と診断されてからは、病院で処方された薬を飲んでいました。

病院からの帰り道、書店に立ち寄りました。手に取った一冊の洋書が、桜沢如一《ゆきかず》先生の

『Zen Macrobiotics（ゼン　マクロビオティクス）』でした。

マクロビオティックって何？

なにげなくその本をめくっていくと、マクロビオティックは、「マクロ＝大きな」「ビオ＝生命」「ティック＝術、学」の三つの言葉からなっている、とありました。熱帯地域でとれるフルーツには体内の熱を下げる働き、寒い地域でとれる根菜には体内を温める働きがあり、四季のある日本では、季節ごとの旬の食材をとることで、からだのバランスがとれるという考え方です。

そういえばタイではよくフルーツを食べていたし、北海道では根菜類を食べていたなあ、当たり前のように料理に使用していた食材にも、なぜその土地でそれを食べているか意味があったのね～。

次のページには玄米の炊き方がのっていました。これまでに玄米を食べたことがない私は、食事で体質改善できるなんて思っていませんでしたが、物は試し、一度家で炊いてみることにしました。正直、家族には不評でした。その頃は土鍋などもっていなかったので炊飯器で炊いてみましたが、どうも玄米が硬くなり、何かいい方法はと、マクロビオティックの食事法を採り入れている方のブログを参考に圧力鍋で玄米を炊いてみました。もっちもっちのご飯が炊けて、「白いご飯よりおいしい」と言って娘が食べてくれました。

一週間、白米から玄米に変えてみただけなのに、体調が良くなったような気分でした。

それから、普段気をつけていなかった調味料や体の負担になる精製された砂糖を摂らない食事へと変えていきました。

まだ半信半疑ではありましたが都内にあるマクロビオティックの学校に通うことにしました。

新聞のチラシで、午前三時から午前七時までの生協に配送する品物の検品パート募集を見つけ、授業料を捻出するためにパートを始めました。場所は家から自転車で一五分ほど、家族が寝ている時間に働けば、朝食の支度までに戻ってこられます。

翌週から仕事を始めると私の生活が一変。朝二時起床。朝食の段取りをし、犬の散歩を済ませてまだ夜が明けないうちに家を出ます。

勤務先では、私と同年齢のパートさんが多いのかと思いきや、二〇代女性が一人働いていました。通常、二人一組で荷物の検品をしてから各店舗に卸すトラックに荷物をのせていきます。

私が彼女と検品している時に言いました。

「若いんだから、もっと仕事選べるんじゃない？」

「私、高校卒業してずっと引きこもりだったんです。ニートってやつですか。まあ、いつまでも親のすねかじることもできないから働こうって。でも人と接するのが苦手で……で、この仕事見つけたんです。ひとけのない時間に出勤して、帰ってこられるじゃないですか」

普通にアルバイトをしているように見えた彼女が引きこもりだったとは意外でした。でも私にはなんとなく彼女の気持ちが理解できました。

毎朝作業を組む人が変わり、ＩＴ企業に勤めているお兄さん、脱サラしたおじさん、双子で働いているお姉さんたち、人それぞれに人生ドラマがある、その話を聞けただけでもここで仕事を始めて良かったと思いました。

通常休憩時間はありませんが、私は薬を服用するため、一〇分休憩をいただいておりました。パン屋さんを廃業したという女性が、自家製のパンと、コーヒー牛乳を私たちに配ってくださいます。まだほんのり温かいパンは美味しく、いつも楽しみにしていました。南砂町周辺にはショッピングモールがいくつもオープンし、新しいパン屋さんが次から次にショッピングモールに入店していくと、昔ながらのパン屋さんにとってはお店を継続していくことが困難なようでした。

仕事が終わり帰宅する頃は、南砂町駅から出勤する人込みの中を自転車でかきわけながら帰っていきます。

家に戻れば息をつく暇もなく朝食の用意、娘をスクールバスで見送ってから学校に行きます。

私にとっては調理をすることはまったくの素人ではありませんが、実習時間に軽量スプーンや秤《はかり》を使い食材や調味料をきちんと計ることは新鮮でした。授業が終わっても一緒に学んでいる生徒さんと時間が許す限り育児や環境問題について語り合うこともありました。「私たちの食べたもので私たちが成り立っている」。この言葉通り、食によって私たちのもたらす環境が左右されることを身をもって体験しました。

私が日頃から大切にしている「一物全体《いちぶつぜんたい》」も、このマクロビオティックの学校で学びました。食物は全体で一つの命。それを余すことなく頂く、野菜の根や皮は干して乾物やスープの出汁にして、魚も小骨は乾燥させてから焼いて食べればカルシウムが摂れます。最近SDGsという言葉を耳にしますが、食材を丸ごと食べることによってゴミも減り、環境にも配慮ができます。小さなことからでも、少しは環境に役立てられるのではないでしょうか。

一方、食の選択の多様化で、グルテンフリー、ベジタリアン（菜食主義）、ビーガン（完全菜食主義）が増えてきています。ベジタリアンは肉・魚（調味料・出汁を含む）を食べませんが、ベジタリアンにもいくつかに分類され、卵を含めた菜食者（オボベジタリアン）、乳製品を含めた菜食者（ラクトベジタリアン）などが挙げられます。

公邸にもそういったお客様がいらっしゃるため、お客様はどういった食材が召し上がれないのか事前に詳細が必要となります。人数の多い会食になると当日にベジタリアンのお

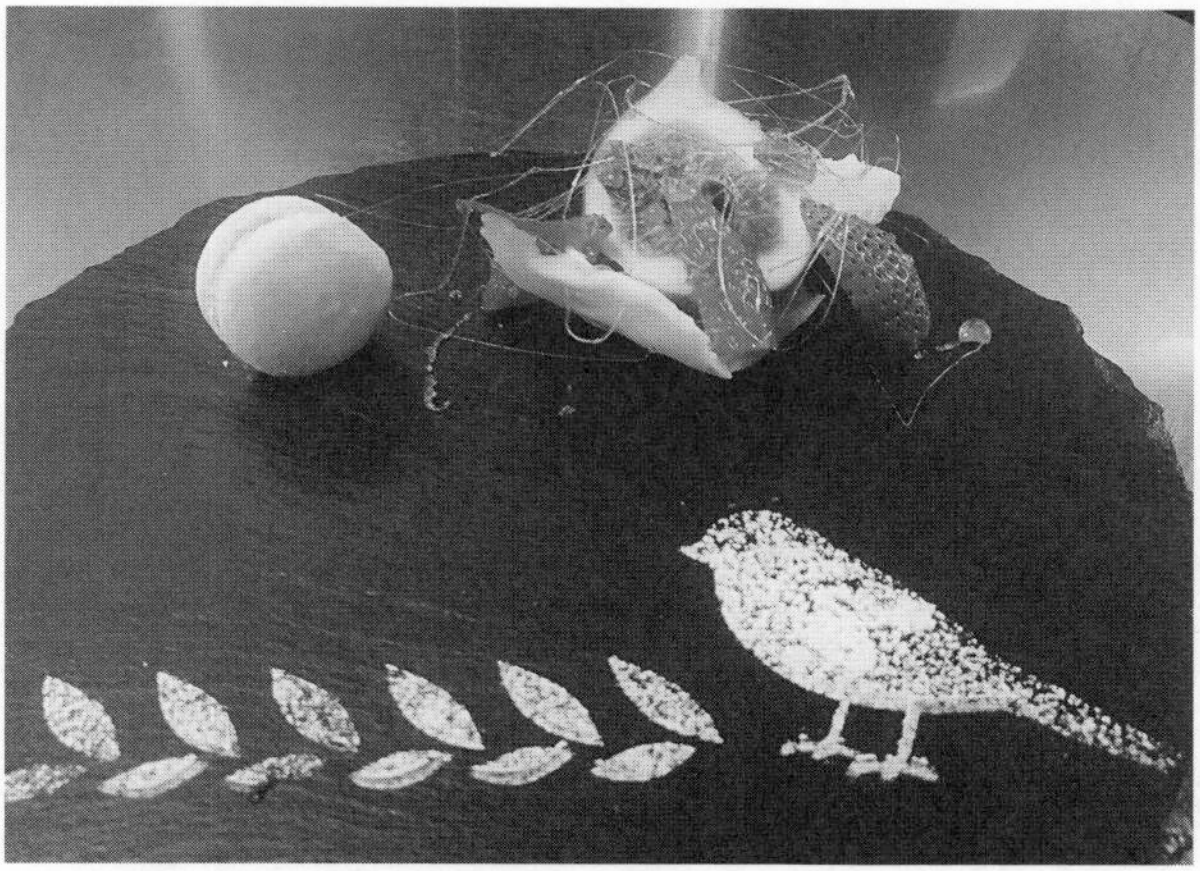

公邸では、マクロビの勉強をいかしてベジスイーツも提供

客様が出席されていたことがわかる場合もありますから、柔軟に対応できるように常にベジメニューをご用意しています。ただし、イスラム法において合法であるもの――ハラルとなりますと、ハラル用の食材や調味料を直前にご用意するのは難しいことがございます。

私自身は、肉の代わりとなる植物性代替肉を使用することはあまり好みません。植物性代替肉を使用しなくても乾物や車麩、豆類など、日本の伝統食材がありますので、それらを利用して美味しく調理することができます。

マクロビの学校で師範まで学ぶことになりましたが、公邸料理人として仕事をする上で大いに活かすことができたことは言うまでもありません。

二〇一一年三月の東日本大震災後、しばら

くは娘を連れて小樽の実家に避難しておりましたが、娘が小学校に入学する四月には東京に戻り、新しい環境で生活が始まりました。

私は自宅からほど近い所にある料亭で契約社員として仕事を始めました。

ひと昔前なら、板前さんは一〇代から親方に弟子入りをして修業していましたが、昨今では料理学校を卒業して飲食店に勤めるのが一般的なのでしょう。しかし現在に至っても和食に限らず、料理学校を卒業して、すぐ包丁を握らせてもらえるような甘い世界ではありません。早朝から仕込みの準備、夜の営業が終われば掃除を済ませて終電で帰宅です。そんな中に、修業にも料理学校にも通っていない四〇歳を過ぎたオバサンが飛び込んでいきました。年齢では私が年上でも料理の世界では二〇代の板前さんは先輩、いや先生です。

料亭では、毎朝旬の食材が産地から厨房に届けられてきます。初めて目にする食材に、見るものすべて好奇心がわき、下処理の仕方や調理の仕方をご指導いただきました。

料亭の厨房は炊事場、煮方、造り場、八寸場、焼き場、揚げ場とセクションが分かれていました。中でも煮方は花形、そのお店の良し悪《あ》しはお椀できまると言われるほど大事な持ち場です。代々お店で受け継がれてきた味を守ることは、経験豊富な板前さんが担う大事な役目です。お客様がお椀の蓋を開けた瞬間に木の芽が「ふわぁ〜」と香れば春の訪れを、黄柚子であれば年の瀬と、季節の移ろいを感じられるのが日本の料理ではないでしょうか。

私自身も公邸料理人になってからは、料理の中でもお椀を出す時が一番緊張します。会食中、執事（バトラー）の合図と共に温めておいたお椀にお出汁をはり、サーブ（給仕）がダイニングに運びます。このタイミングが大事、時には、いっこうにお椀を運ぼうとしないサーブに尋ねます。

「お椀が冷めないうちに運んで」

「まだ一名食べ終わっていないから」

私は多めにお出汁を用意しておき、いつでも温め直すことができるようにいたします。

料亭ではお昼のお客様は一〇〇名以上いらっしゃいます。一つの食材の下処理だけでも時間がかかり大変な作業です。卵なら二〇〇個以上は割ります。大きな寸胴に私の腕ぐらいはある泡だて器で混ぜます。数十キロもある寸胴を持ち上げるのには板前さんの手を借りなければならないほど力のいる仕事でした。丁寧に食材を扱うことはもちろん、限られた時間で素早く作業を進めなくてはいけません。

師走は特に忙しく、若い板前さんは早朝に出勤、泊まり込むこともありました。

まだ調理師免許をもっていない板前さんは、店が終わってから勉強していました。

一日の仕事を終えてから勉強だなんて、若いうちにしかできないのでは？……と、熱心に勉強している板前さんを見ているうちに、もしや私にもできるのではないか、よし、やってみようじゃないか。でも暗記力はかなり低下しているはず……と、週末、三か月間の短期集中講座に通いました。実技は免除され、三か月後、合格。

四〇歳を過ぎての再スタートです。ついに父と同じ料理の道に進むことになりました。

桐島洋子先生との出会い

平成二五（二〇一三）年のある日、珍しく母から電話がありました。

「さっきね、ＮＨＫの番組で桐島さんにインタビューしているの観てたんだけど、桐島さんのお宅、あなたの家の近くみたいよ。で、誰かお料理作ってもらえる人がほしいって話していたわよ。連絡してみたら？」

「桐島先生って誰？」

「作家の桐島洋子先生よ」

著名な方であることや、お子さん方の活躍はテレビでは存じ上げておりました。どのような人生を歩んできた方なのかは、これから先生を通じて知ることになります。

母は軽い気持ちで言ったのでしょうが、母からの電話がなければ桐島先生との出会いはなかったでしょう。

電話を切った後、先生の連絡先をどのように見つけたのか記憶にありませんが気がついた時には先生にメールを差し上げていました。

翌朝、電話が鳴りました。

「桐島ですが」

「ま、まさか！」

ご本人からお電話をいただけるとは思ってもみませんでした。

私のメールを読まれた先生は、料理ができることと、私の家が先生のお宅に近いこともあり、私に関心を持っていただいたようです。

早速次の日に先生のご自宅にお伺いすることになりましたので、私は桐島先生に関する記事を一読いたしました。後に私も離婚し、娘の元を離れることになりましたがつらいことがある時には、先生のお言葉が励みとなっております。

「颪に身を任せれば大丈夫、良い方向に転がるわよ」

波乱万丈な人生に、バイタリティー溢れる先生の生き方に、共感を持つファンが多いこともうなずけます。


私が初めて先生にお会いした時は緊張のあまり、持参した自家製の抹茶シフォンケーキをお渡しすることをすっかり忘れるところでしたが、先生のほうからお声をかけてくださいました。

「あら、おいしそうなケーキねえ！」

私が台所をお借りしてシフォンケーキを切っていると、先生が香港で購入された中国茶をご用意してくださいました。先生のお宅には著名な方、あらゆる分野で活躍されている方が訪れてきます。そのご縁で、私もさまざまな方々のお食事を作らせていただきました。リビングルームで一緒にケーキをいただきながら、香港での思い出話を語る先生のことを覚えております。

当時、先生は月に一度自宅のリビングを開放し、大人の寺子屋「森羅塾」を開催しておりました。毎回各界で活躍されている方をゲストとしてお招きしていました。受講生の年齢は二〇代から七〇代、職種もさまざまで、会社経営者、主婦の方、海外から来られた方やご夫婦で参加されていた方もいました。

私はリビングから聞こえてくるトークに耳を傾けながら、先生のアシスタントの方々とお料理の準備をしておりました。

先生は骨董品の収集家でもいらっしゃいますので、お料理だけではなく、その日に使用される食器にもこだわりがありました。私は毎回、先生に「どのような食器をご用意しましょうか」と尋ねます。

それぞれの器にも思い出がおありのようでした。

時折、先生も、世界中を旅された思い出話を受講生にされていました。そんな時は、先生の訪れた国のお料理を作ってほしいとご要望がありました。

「次回はエジプトを旅行した時のことを話しますから、エジプトで思い出に残っているお料理、お願いできるかしら？」

　エジプトを訪れたことがない私にとって、エジプト料理がどのようなものかまったく想像がつきませんでした。まだ今のようにネットで調べることもできないので図書館に行き、エジプト料理に関する書籍やレシピ本を探してみるのですが、先生がおしゃっていたお料理のレシピを見つけられませんでした。

「ブドウの葉に詰め物をしたお料理とは、どういったものですか？」

「エジプトでは一般的な家庭料理よ。葡萄の葉に米や野菜、ハーブを詰めてチキンスープで煮たものなの」

森羅塾で提供したお食事

　葡萄の葉を入手するのは難しいため、その時はハスの葉を代用したと思います。

　毎回先生が旅して召し上がってこられたお料理を先生の説明を元に、頭の中で想像して作ることは楽しみでもあり、果たして先生の思い出の味に近づいているのか……。先生に味を見ていただくまではハラハラドキドキでした。

先生に「おいしいわ」と言っていただくとホッと胸をなでおろします。

今となっては楽しい思い出です。

お粥の思い出

桐島先生との思い出はたくさんあります。葉山の別荘に娘と招待していただいたのもいい思い出です。

ある日、桐島先生から四〇名のホームパーティーを依頼されました。

「メニューはかずささんに任せますが、ひとつ入れてほしいものがあるの。香港で買ってきた湯葉があるから、それで湯葉粥を作っていただける?」

ホームパーティーにお粥とは、少々地味ではないかと正直思いました。

「お粥ですか?」

「はい、よろしくお願いします」

先生はにっこり微笑んでいらっしゃいました。

当日は先生のお宅で早朝から準備、先生にお米の量を尋ねました。すると先生は新潟から取り寄せているコシヒカリの米袋を開き、握りこぶし一つ分をつかみ取り、寸胴に半分パラパラと入れ、残りのお米は紙袋に戻しました。

「これだけでは人数分足りないのでは？」

「大丈夫ですよ、それからこれも」

そして、香港で購入してきた乾燥湯葉をキッチンのカウンターに置き、キッチンを出ていかれました。

この米粒だけで四〇人分賄えるのか、私は寸胴をのぞき込み、寸胴に入れられた数粒の米でお粥を炊き始めました。他の料理の準備をしている間、先生のアシスタントの方たちが交代でお粥をかき混ぜていました。やがて、お米が徐々に膨れ上がり、米一粒一粒の形がかろうじて残るぐらいの柔らかさまで炊き上がりました。時計を見るとすでに午後三時。火をいったん止め、しばらくするとお粥の表面に膜が張ってきます。一匙すくって口に入れました。程よい塩梅の塩加減、体の芯まで温まってくるのがわかります。

プーケットでコンシェルジュをしていた時に、香港で不動産業を営むお客様からお礼にと香港に招待していただいたことがあります。そのリンさんのご家族に一度お粥のお店に連れて行ってもらったことを思い出しました。彼女が英語で言いました。

「お粥の店よ」

「日本ではお粥を炊くのは家族が病気をした時ぐらいよ」

「へえ～、そうなの。中国では普段から皆お粥を食べるわよ」

あまり気がすすまないままテーブルに案内されました。彼女の家族は、日本語も英語も話すことができる人はいなかったので、私はただ黙って座っていました。しばらくして店員さんが数種類のおかずをのせたお盆を運んできました。次に運ばれたお盆にもおかずがぎっしりのっていました。そして最後のお盆には大きな陶器の器がのっており、湯気が立ち上っていました。

それは真っ白なお粥でした。

テーブルに置かれたお粥を、彼女が手際よく小さなお椀に取り分けて、私の前に置いてくれました。彼女のお父さんが食べ始めると他の人たちも一斉に食べ始めました。

お粥を口に入れるには熱すぎ、お粥をフウフウ言いながら口に運ばなくてはなりません。リンさんは空心菜の炒め物をお皿に取り、私の前に置きました。私は彼女の真似をして空心菜をお粥の上にのせました。

さっきまで真っ白だったお粥に油が浮き上がり、ニンニクの香りが漂ってきました。食欲がわいてくる、なんていい香りなんでしょう。

私の顔を見たリンさんは尋ねました。

「ハオツー？　中国語で美味しいって意味よ」

今ではホテルの朝食ブッフェを頂く時はお粥と数種類のおかずが私の定番です。

リビングから聞こえてくる桐島先生のお話もそろそろ終わりに近づいてきた頃に、白い湯気の上がったお粥をダイニングテーブルの真ん中に運びます。そして一〇品ほどのおかずを周りに並べます。テーブルのセッティングが終わると、リビングからダイニングに通じるガラスのドアを開けます。

先生に目で合図、

「お食事のご用意ができたようですので、皆様どうぞダイニングへ」

受講者の方々がダイニングに移動します。

皆様がダイニングに集まったところで、私からお料理一品一品をご説明させていただき、続いて先生が香港でのお粥のエピソードをお話しになられました。

それから一年ほど経った頃でしょうか、私がいつものように先生のキッチンでお食事の準備をしていますと、リビングではまだ先生のお話が終わっておりませんでしたが、一人の女性がダイニングにいらっしゃいました。

彼女は小声で「以前、お粥を作ってくれたのはあなたかしら？」と。

私はすっかりそのことを忘れていました。

「あんなにおいしいお粥を食べたの初めてだったわー」

そうしみじみと言われて、私は「はっ」と思い出しました。

その女性はモデル事務所のマネージャーさんでした。仕事柄、さまざまなパーティーに出席することも多く、いつもありきたりなパーティー料理——脂っこく冷めたお料理にうんざりしていたようです。

「毎月森羅塾で出される料理を楽しみにしているのよ。中でもお粥が出た時はびっくり。本当においしかったわ、また食べたいわね」

良い食材を使い豪華に彩られた料理だけがパーティー料理ではないという大切なことに気づかされました。

家事代行のススメ

平成二八（二〇一五）年に調理師免許を取得したことで、家事代行を運営している会社から仕事の依頼を引き受けるようになりました。

「週末のみ、お客様のお宅に伺い、お食事を作っていただきたいんです。普通の家庭料理をお願いできますか？」

それなら私にもできるのではと仕事を引き受けました。

家事代行会社とは、掃除や炊事、洗濯といった一般的な家事を家の人に代わり担ってくれる会社です。

私も、バンコクではお手伝いさんには、助けていただきました。

日本人が抱くお手伝いさん、あるいは家政婦さんを雇うことは「お金持ちが雇う特権」というイメージが強いかもしれません。海外では家事代行エージェントが多く存在し、共働きの家庭ではよく利用されています。

シングルマザーの友人に、私が家事代行で仕事を始めたことを話すと、彼女は「私、利用してみたいと思ってたの」と。それで彼女は、まずはお試しで始めました。それまでは残業を終えると家で待っている子供のためにデパ地下でお惣菜を買って帰ることも多かったようです。

疲れ果てていても子供たちは容赦なく、「ねえママ、聞いて、聞いて、今日ね……」。話しかけてきます。聞いてあげなくてはと思っていても子供に冷たい態度をとってしまうこともしばしば、子供の寝顔を見るたびに罪悪感にさいなまれていたそうです。

家事代行を利用するようになり、残業になっても子供たちの夕食の心配をする必要がなくなりました、帰宅して子供たちと一緒に夕飯を食べることができ、子供たちの話に耳を傾けるゆとりができたそうです。それに加えて、お惣菜を買うよりも、家で健康的な食事を作ってもらうほうが経済的なこともわかったようです。

家事に費やす一日の平均時間は女性三時間二八分、男性一二分（平成二八年社会生活基本調査）。これに子供の世話や介護が加えられるとなれば一日に七時間以上をそれに費やすことになります。仕事と家庭を両立しなくてはならない現代社会では、共働き世帯が増え、いくら夫婦が育児と家事を分担したとはいえ、女性は精神的、肉体的にも負担を強いられてしまいます。両親もまだ働ける年齢のため、孫の面倒を見てやりたくても時間の余裕はないはずです。

しかしここ数年、特にコロナウイルス禍以降、日本でも人々の仕事や家庭環境が大きく変化し、お金よりも時間に価値を見出す人やもっとゆとりを持ちたいという人が増えてきているように思われます。在宅ワークにより、自宅で過ごす時間が増え、夫婦、子供とコミュニケーションの時間が以前よりも増えたことが一つの要因でしょう。

そんなことから家事代行サービスの需要も増えてきています。

また、プロに家事や掃除を任せられるので部屋が清潔に保たれると言った声も聞きます。

お客様の中には、他人が家に入ることに躊躇される方もいます。私自身、依頼された方のお宅には不在の時に家に入ることが多いので、安心して利用していただくためにも、お客様とのコミュニケーションを大切にしていました。お客様が不在の時はノートに前回お作りした料理の感想や献立の要望などを記入してもらっていました。

「料理は、何を作ってもらえばよいのでしょう？　自宅で料理を作ってもらうならフレンチやイタリアンをお願いしなくてはいけないかしら？」

そんな質問をされるお客様もいらっしゃいますが普通の家庭料理でいいのです。

なにげないお客様との会話から、お客様の嗜好がわかることもあります。ある方との会話で、おふくろの肉じゃがはジャガイモがとけるくらい煮込まれて美味しかったな～。次からは私もお客様にお作りする肉じゃがは形が崩れるくらい煮込んだ肉じゃがにいたします。お客様から料理を頼まれる時に「味は薄口でお願いします」との要望が多く、私としてはどの程度の薄味なのか？　いつも迷います。

家事代行・お子様向けの誕生日パーティーのお食事

そのような時は、その家庭で使用されている調味料が目安になります。どこのメーカーのものを使用しているか、どの調味料の消費が早いか等が参考になります。

ご依頼によっても異なりますが、担当したご年配のご夫妻は買い物に行くのも不自由なため、買い物も引き受けておりました。ご夫妻のお宅には週に一度伺い、二日分の夕食を八～一〇品を作り置きしておきます。

ある日ご主人から、奥様のお誕生日に外食をしたいが奥様の足が悪いので、自宅でレストランのようなフレンチが食べたいとの要望をいただいたこともありました。

出張シェフというお仕事もさせていただいておりました。こちらはネットから食べたい料理やシェフが選択できるサービスです。登録されている方々は管理栄養士さん、料理研究家や一流のシェフと、さまざまです。私はタイ料理の依頼を受けていました。

お客様からは、「車の運転を気にせずに自宅で呑みながら美味しい食事が楽しめるのはありがたい」の声。

小さなお子さんがいて外食しづらいご家族にも利用していただきました。

時折、企業のランチミーティングにタイブッフェを依頼されることがありました。

企業のランチミーティングとなれば、四〇～五〇名分の食器やカトラリーのリースが必要となります。到底一人で運べる量ではありません。そういう時は、荷物の量も多くなるので、私はカーシェアリング（必要な時に自由に車が利用できる便利なサービス）で車を借りて荷物を運びます。

人気のタイ料理はグリーンカレー、タイ風さつま揚げや生春巻きです。カレーはお代わりされることを考慮して大量に作っておきます。前日から下準備をして、当日車に乗せて、慣れない都内を車で運ばなくてはなりません。大量に作ったつもりでも足りなくなることもありましたね。

私のクライアントさん

パート1　自宅でお花見

桜が満開の季節、出張シェフをしてもらえないかと依頼を受けました。

K様より、お花見をご自宅のマンションで催したいのでそれに合う料理、お子様も召し上がれる料理をとのこと。

お花見は1時からのスタートでした。

早朝から私は自宅でちらし寿司やから揚げなどできる限りの下準備を済ませ、K様のマンションに向かいました。

生ものを持ち運ぶ時は、鮮度を保つことに気をつけなくてはいけないため、事前に交通状況を確認して、レンタカーで行くべきか公共機関を利用するほうが早いのか判断する必要があります。持参するものは食材のみではなく、油や調味料もありますので大きなスーツケースに食材や調味料を詰めていきます。今回は地下鉄の利用が早いと判断、駅によってはホームにエレベーターを設置していない所もありますので、事前に携帯でホームのエレベーターの位置情報を調べます。少しでも負担を軽くして、スーツケースに振動を与えないようにします。

お客様からタイ料理のリクエストがあった時には、ソムタム（パパイヤサラダ）専用の陶器のすり鉢を持参します。重いものですが、タイではこれを使うことで美味しいソムタムが出来上がります。

今回の依頼では、お客様がお酒をご用意されていましたが、料理に合ったお酒またはワインを用意してほしいと依頼を受けることもあります。

K様がお住まいのマンションは駅と直結しているタワーマンションでした。駅から通じるエレベーターに乗り、一階のドアが開くと、そこはホテルのロビーと見間違うようなフロアがあり、フロントデスクにはコンシェルジュが常勤しておりました。

私はコンシェルジュに声をかけました。

「〇〇〇号室のK様のお宅に伺いたいのですが」

彼女は私の大きなスーツケースに一瞬目をとめました。

「出張シェフとお伝えください」

そう付け加えました。

K様のお宅の玄関は大理石。

私は早速持参したスリッパに履きかえて、床を汚さないようにスーツケースの車輪を拭き、台所に運びました。

まずは生ものを冷蔵庫に預けておきます。台所を見渡せば、食器やカトラリーの置かれている場所、調理器具や調味料のある場所の見当はつきますが、万が一、開けてはいけない引き出しや触れてほしくない場所などがないか、奥様に確認します。

私が以前お伺いしたお宅で、フォークやスプーンが入っている引き出し棚に、宝石類が無造作に仕舞われておりました。私は開けてから「しまった！」と思いましたがそのお宅の奥様は特に不機嫌な顔もせず、

「ここなら盗まれる心配はないかと思って」

と笑っておりました。

またあるお宅では、煮込み料理用の鋳物鍋（ストウブ鍋）の中に、束になった印鑑が入っておりました。その時は私以外誰もおりませんでしたので、何も言わずにそっと元に戻しておきました。

さて、台所で海苔巻きの準備をしていますと、庭師さんとおぼしき方が桜の枝を担いでダイニングに入ってこられ、手慣れた様子でテラスに置かれた大きな伊万里焼の壺に桜を飾っておられました。

外は少し肌寒く、マンション前の並木通りの桜はまだ蕾。お花見にはまだ早いのに、この見事なまでに満開になった桜はどこから持ってこられたのでしょう。

奥様に、

「立派な桜ですね」とお声をかけますと、

毎年この時期に伊豆から庭師さんに運んでもらっているとのことでした。

花瓶の前には赤い敷物が敷かれ、その上にお琴が置かれていました。つい桜に見とれてしまい手元が止まっていました。私が料理の準備をしている間、着物に着替えられた奥様は、玄関先でお客様のお出迎えをされていました。

一週間前、房総半島に住む、飾り寿司マイスターの資格を持つ友人を訪ね、飾り寿司を習っていました。彼女から習ったのは二種類の飾り寿司、一つはパンダの絵柄、そしてもう一つは桜でした。

これには子供たちは大喜び。パンダの飾り寿司をほおばりながら「おいしい」。房総半島まで習得しに行ったかいがありました。

テラスのテーブルにすべてお食事をお運びし、奥様のお琴の演奏が始まりました。演奏が始まると一段とお花見気分になるものです。

お客様の様子を見ながら片付けに入ります。ゴミはすべて持ち帰り、台所を綺麗にお掃除して私の仕事は終わりです。

お客様はお食事とお酒を堪能されている様子でした。この瞬間が一番ホッといたします。

パート2　韓流アイドル

某大手音楽事務所から、K‐POPの韓流グループが来日した時の食事依頼がきました。彼らが都内に滞在する期間は二週間。食事を任せられる人を一、二名交代で頼みたいとのことでした。前年までは私よりも年配の方が担当していたようですが、今回は都合が合わず、韓国料理もできるからということで私に声をかけていただきました。

彼らの食事を担当するにあたり、膨大な書類にサインしなくてはなりませんでした。

メンバーは五名、彼らのプロフィールとスケジュール表が彼らのマネージャーさんより渡されました。彼らの滞在期間中はほとんど休みがなく、びっしり予定が組まれていました。地方でライブがある時は、お食事の提供はなし。K‐POPにうとい私は、このグループについてネットで調べると、好きな食べ物に「日本食」と書かれていました。

マネージャーさんからのリクエストでは、主菜は肉、副菜にも肉料理、すべて日本食とのことでした。

彼らの滞在するマンションに行く前に食材を買って行かなければなりませんが、五人分ともなるとかなりの量になります。

彼らの帰宅時間は深夜になることが多いため、大抵は作り置きして私は帰ります。スタジオで食事をすることも多いためか、次の日に行くと、料理は手つかずにテーブルに残っていることもありました。もったいないとは思いましたが、契約では残ったものは全部破棄となっておりました。

一度、鍵を開けて中に入ると、玄関に靴が散らかっていて、リビング・ダイニングはしんと静まりかえっています。みなさん、ぐっすり就寝していました。

夕食ができるのは五時過ぎ。S君が起きてきました。

寝起きでもきれいな顔立ちをしているものですね。彼らは二〇代、私に息子がいればこのぐらいの年齢でしょう。

S君はにっこり笑って、

「おはようございます」

と、流暢な日本語です。

お会いするまではどんな子たちなんだろうと思っていましたが、とても礼儀正しい子たちばかりでした。

「お手伝いします」

私が食事の準備をしていると、彼が食器をテーブルに並べていました。テーブルの周りを片付けていた時にソファーの下から日本語の会話レッスンテキストが出てきました。

「あっ、僕のです。まだまだ日本語、下手なんです」

「A君は何料理が好きですか？」

「タイ料理が好きです。もちろん日本料理も」

ご家族でタイに旅行に行ったことがある彼は、タイ料理が大好きなようです。


バレンタインデーの時には、ファンから送られてきたチョコレートが玄関に山積みに置かれていました。私に娘がいることを知っていたメンバーから、チョコレートの包みを一つ、娘にといただきました。

翌年はメンバーの一人がソロ活動を始めることになり、日本のゲン担ぎとカツ丼を作ってあげました。次の週のオリコンチャートで三位になった時には自分の息子のように嬉しく思いました。

日本に来て、外出も自由にできない彼らを見ていると、アイドルというのは大変な職業ですね。

パート3　家庭の味

私が一番長く受け持っていたIさんご夫妻は、シドニーに赴任するまでの三年間、お食事担当させていただきました。

Iさんご夫妻はお二人で会計事務所を経営されています。週に一度の訪問でした。

春先には桜が満開になる神田川沿いを歩き、二〇分ほどでIさんのお宅に到着です。住宅地の角地に建つIさんお宅は鉄筋の塀に囲まれ、ひときわ目立つ建物でした。

チャイムを鳴らし、ドアを開けてくださったのが奥様。とてもお孫さんがいらっしゃるとは思えないほど若々しく、お綺麗な方でした。

Iさんにはお嬢様がいらっしゃいました。国際結婚をされた後、離婚を期に二人の息子さんを連れて日本に戻られ、両親と暮らしておりました。

Iさんご家族のご要望は野菜中心、お子様メニューも含め、五人分です。

初日、奥様に台所を案内していただきました。台所は広く使い勝手がよく、中庭が見渡せます。

ダイニングの食器棚には洋食器よりも和食器を多く取り揃えていることから、和食がお好みなのでしょう。

私は台所に置いてある連絡帳に本日のメニューと来週必要な食材やストック切れの調味

料を書き込んでおきます。

その日の献立は次のようなものでした。

メイン……①焼き魚（鱈）②チンジャオロースー（大人は肉の代わりに板麩）

副菜……ほうれん草としめじのお浸し、レンコンと人参のきんぴら、味噌汁（大根、ネギ、油揚げ）。お子様にプリン。

お手伝いさんが食材を買い忘れていることもありますので、その時は違うメニューに変更します。

予備欄には前の週の献立の感想が書かれています。

「いつも美味しいお食事をありがとうございます。

孫はプリンに目がないんです。特に下の子はキャラメルの部分が大好きなんです。

来週分は四人で大丈夫です」

私からは、

「またプリンお作りいたしますね。醤油、味醂の補充お願いします」といったものでした。

私が食事の支度を始める頃に、お嬢様がお見えになります。

「今日も宜しくお願いいたします」

初めの頃は挨拶程度の会話も数週間経った頃にはお嬢様と台所で立ち話をするようにな

っていました。私の娘と同じ年頃の男の子を二人育てていたお嬢さんは、息子さんについてよく話をされていました。子育ての話やお子さんの好きな食べ物についてもよく話をしておりました。

「長男はコーンクリームコロッケが大好物、次男はお魚が苦手でね。骨を取るのが面倒みたい」

それから私は、お子様にはよくコーンクリームコロッケを作っていました。お魚も召し上がっていただけるように、魚のすり身のハンバーグや、唐揚げなど工夫していました。お嬢様はお手製のキャンドルを作る勉強をされていましたので、私の好みの香りをブレンドしたキャンドルを作ってくださいました。


私は、Iさんのお宅に伺う前に蕎麦打ちに行くことがあったので、蕎麦を一〇束持って、そのままIさんのお宅に直行していました。そして、Iさんの冷蔵庫にそば五束分と麺つゆを入れておきます。

ある日、私が台所で支度をしていますと、シンク上の小窓から奥様の車が玄関前に止まるのが見えました。運転手さんが後部のドアを開けると、裾に花柄の刺繍がほどこされたクリーム色のワンピースを着た奥様が降りられました。

ほどなくして、奥様が台所に来られました。

「いつもご苦労様です。今日は仕事が早く終わったので少し早めに帰宅しました。いつもお蕎麦ありがとね〜。私は長野出身でね、お蕎麦をあまり食べてなかったの。でもうちの主人はお蕎麦大好きなのよ」

長野県は蕎麦の名産地ですが、奥様はもしかしてあまりお蕎麦を好まれていないのでは？　私を気遣って口には出さなかったのかもしれません。

「私が作った物は美味しいから食べて」そんな風に強いていた自分が恥ずかしく、手づくりのものが万人に好まれるわけではないことに気づかされました。お客様がなぜ私に家庭料理を作ってほしいのか、何を召し上がりたいのか、相手の立場になって考えることがこの仕事だということを忘れかけていました。そのご家庭の味を崩さない事が私の務めでもあります。

以前、あるお宅で私が持参した土鍋で白飯を炊き、召し上がっていただいたことがあります。

奥様は「家の炊飯器で炊いたほうがおいしいわね」。

土鍋で炊きあげられたご飯より炊飯器で炊いたほうがおいしいなんてことがあるのか、と耳を疑いました。しかし奥様がお持ちの炊飯器で炊いたご飯は、窯で炊かれたようにふっくらツヤツヤのご飯に仕上がっていました。確かに、どちらで炊かれたか言わずに食べ比べてみても、味の差はわからないでしょう。

炊き上がったご飯を檜のおひつに移します。おひつをを開けると檜の良い香りがします。

一日でクビです

毎年夏に湯河原の別荘で過ごされている、上海からのお客様から依頼がありました。先方は住み込みを希望されておりましたが、私は通いならと引き受けました。昼食のみ用意してほしいとのことでしたので、東京から日帰りが可能でした。

昼食代は、一人八〇〇〇～一万円の予算で二名様分でした。

私はまったく湯河原の土地勘がないため、一度下見に行くことにしました。

平成二八（二〇一六）年の夏のことでした。舛添要一東京都知事が辞任された年です。湯河原駅からバスに乗車、バスから降りて住所を頼りに坂道を上がっていくと、ホテルがあります。そこを通り過ぎるまで誰ともすれ違うことはありませんでした。

この辺りのお宅では？　と一軒、一軒の番地を確認していますと、和風作りの門前に数名、人が立っていました。腕に報道ワッペンを付けた方から尋ねられました。

「すみません、この辺りに住んでいる方ですか？」

私は「いいえ」とだけ答えました。

後にそこが舛添さんの別荘と知りました。

私が訪問するお宅はそこから数メートル先でした。大きな門構えに番地や表札はありませんでしたが、場所が確認できたので、私はいったんバス停に戻りました。駅に向かう次のバスまでには一時間あります。通りを挟んで向かい側に定食屋さんを見つけました。ちょうどお腹も空いていたので、そのお店で昼食をとることにしました。お店の方にどこで食材を仕入れているか尋ねるいい機会です。店に入ると、外観とは違い、おしゃれな洋風の装飾にジャズが流れていました。カウンターにはマスターとでも呼びたくなる風貌の男性、年齢は三〇代ぐらいでしょうか。「今日のランチ、ハンバーグ定食ですけど、いかがですか?」と私に親しみやすそうな声で尋ねました。私は諸事情を話し、この辺りで食材の仕入れができそうな場所を教えてもらいました。鮮魚なら隣の熱海まで行くといいそうですが、車を持っていない私は、湯河原の駅で買い物をすることにしました。

近年、中国の富裕層が別荘を購入して滞在するようになったため、その店のシェフも中国人のお客様から出張シェフを頼まれることもあるそうです。

せっかく来たのですから、バスで湯河原駅まで戻り、小旅行のつもりで熱海まで電車で行き、街を散策していくことにしました。

夏の観光シーズンということもあり、熱海の駅前商店街は観光客で賑わい、日本語以外の言語も聞こえてきてきました。

商店街の八百屋さんには地元の野菜が並び、干物のお店、早朝から開いている鮮魚店もあり、珍しい珍味等を試食することができました。

一週間後、下見していたおかげでバスも待つことなく乗車、前回と同じ場所にたどり着きました。

呼び鈴もなくしばらく門の前に佇んでいると、奥からスーツ姿の女性が現れ、流暢な日本語で話しかけてきました。

「料理人さんですか?」

「はい、そうです」

「お待ちしておりました」

彼女の後について表玄関に入ろうとした時、彼女が言いました。

「ごめんなさい、あちらの勝手口からどうぞ」

彼女に言われた通りに勝手口からキッチンに入りました。

料理学校にあるような大きな対面式のキッチン、私がスリッパに履き替えていると、先ほどとは違う女性が現れました。冷蔵庫の横に荷物を置くようにと身振りで示しましたが、日本語は話せないのでしょう。

冷蔵庫を開けると、事前に注文しておいた食材がぎっしり入っておりました。

キッチンからは広々としたダイニングが見渡せました。キッチンの左手には一面天井まである窓ガラス、中庭が見え、その中央には噴水がありました。ベンチで寄り添うご夫婦が今回の依頼主です。

私は食材をキッチンカウンターに並べて、準備を始めました。その間も女性が私の後ろにずっと立っていました。

秘書の方からは、ご夫妻は二週間ほど国内を旅行されていて、昨日お戻りになったことを聞いておりました。お疲れになっており、そろそろ日本料理には飽きているのではと、餃子とラーメンを作ることにしました。

餃子の皮をこしらえ、ラーメンのスープは鶏ガラで出汁をとり、あっさりめのスープ。そして数種類のおかず。

ダイニングテーブルに運ぶのは、後ろに立っている女性の役目です。

しばらくして、ご夫妻がテラスからお部屋にお戻りになられたので私はご挨拶に伺おうとしましたが、私の後ろに立っている女性が私の腕をとり、首を振りました。

今まで私が担当したお客様とは直接お話をする機会もありましたので、このようなことは初めての経験。何か尋ねたい時は秘書を通さなければいけませんでした。私は一切ご夫妻と直接お話することはありませんでした。中国では、家主と雇われ側の身分がはっきりしているということが理解できました。

バンコクで暮らしていた時のお隣さんが、インド人のご家族でした。毎朝お手伝いさんが小学生の男の子を学校に送りに行く時に、男の子の鞄や、時にはゴルフバッグを背の小さな彼女が担いでいた光景をよく目にしていました。

あらためて、私は日本人で良かったなと思いました。

秘書から、来週五歳になるお子様がお手伝いさんと来日予定なので、お子様メニューの用意を頼まれました。

奥様が旦那様によりかかりながら歩いているところを見ますと、体調がすぐれないのでしょう。

「ご主人様が何時にお食事ができるか聞いておられます」

秘書の問いかけに、私は「あと、二〇分でお食事のご用意ができます」と告げました。

お食事のセッティングが済み、秘書がご夫妻を呼びに行きました。

ご夫妻は席につき、旦那様の後ろに秘書の方が立たれ、時折耳元で何かお話をされていました。

旦那様はラーメンのスープをお代わりなさいました。

奥様はほとんど召し上がらないまま、先に席を立たれました。

お手伝いさんがお茶の準備を始め、奥様のお部屋にお運びになると旦那様も席を立たれました。

私が後片付けにダイニングテーブルに行くと、奥様は料理にはまったく手をつけられていませんでした。

秘書からは、「奥様は体調がすぐれないんです。処分してください」と。

すぐに後片付けを終え、東海道線に乗車しました。ちょうど恵比寿駅に到着した時、エージェントから電話がありました。

「今日の中国人のクライアントが、シェフを男性に変えてほしいとおっしゃっています。何かありましたか？　それと、料理人が中国の食材を使っていたとクレームがありました」

「いいえ、中国の食材は使用した覚えはありません」

そこで、私は「はっ」として次のように付け加えました。

「ひょっとしたら、〝中華麺〟と袋に書かれているのをお手伝いさんが見て、中国で製造された食材と勘違いしたのではないでしょうか。日本で製造されている麺ですが、袋には中華麺と記載されていましたから」

三か月とのお約束でしたが、結局一日しかお客様にお料理を作って差し上げることができませんでした。

公邸料理人への道

小学生だった娘が夏休みに入り、一人で福岡の祖母の家に遊びに行くことになりました。日本の航空会社では六歳以上の子供が一人でも飛行機を利用できるように安全性に配慮された素晴らしいサービスがあります。

娘を空港に見送り、私もバケーションとばかりに初のニューヨークに飛び立ちました。初日は時差ボケもあり早く就寝。すると、夜中に携帯が鳴りました。番号は日本から。身内に何かあったのではと急いで携帯をとりました。

「ウチコシさん？」

「はい」

親しみを感じる声でしたが、心当たりはありませんでした。

「こちら国際交流サービス協会のKです。次期在シドニー総領事が公邸料理人を探していて、ウチコシさん、どうかと思いまして……」

「あっ、はい！　済みません、今ニューヨークなんです……」

まさか私に声がかかるとは、一三時間の時差もあり、これは現実のことか夢なのか。頭がもうろうとしていました。これが現実なら飛び上がるぐらい嬉しいことです。

ニューヨークに旅立つ前に、あるお宅のホームパーティーを頼まれたことから、公邸料理人になってみたらとお声をかけていただきました。

公邸料理人に登録したものの、周りにはこの仕事に理解を示す人はおりませんでした。これからシングルマザーになる私は、九時から五時まで働ける仕事に転職をと考えていた時期でもありました。

「海外で仕事！　日本で安定した仕事に就いたほうがいい」

「職種なんてこだわらなければ四〇過ぎても職はある。かけもちで仕事をするなんて珍しくない」

世間では子供は母親と暮らすのが当然のこと。では私と娘が幸せになるにはどうすべきか？　私の頭の中でいろんなことが渦巻いていました。シングルマザーの友人がフィリピンから働きに来ていました。唯一彼女だけが私に言ってくれました。

「おめでとう！　チャンスつかんだのね」

しかし私は娘と離れることに悩んでいることを話しました。彼女は言いました。

「悩むことなんてないわよ。私の国では子供と離れて働く女性は多いわ。でも皆誇りをもって働いているわ！　チャンスなんて、皆に与えられるわけではないんだから、グズグズしていたら他の人の所に行っちゃうわよ!!」

世間の目からのプレッシャーに自分を見失うところだった私の背中を、彼女は押してくれました。「公邸料理人をやってみないか」と声がかかったのは、何かの試練かもしれない、こんなチャンスは二度とやってこないと、私はやってみることに決めました。

娘は主人と暮らすことになり、「子供を捨てたひどい親」と言われることもありました。シドニーに赴任した頃は娘を日本に残してきた罪悪感に苛まれ泣くこともありました。一時帰国で、久しぶりに会った娘は楽しそうに自分の夢を語っていました。自分の道を歩み始めている娘を見て、私は壁に貼ってあった娘の写真を封印することにしました。何が正解かはわかりませんが成長していく娘を見届けるのが母としての役目だと思っています。

私が良しと思える道に進んでいこう。幸せの形なんて一つではない、一〇人の親子がいれば幸せの形もさまざま、いろんな子育てがあってもいいのではないか……。

世界中の人々に日本の文化、そして料理を伝えることが私の務めです。こんなに誇らしい仕事はないと思えます。

人生の折り返し地点を過ぎ、世間ではそろそろ老後を考えてもよい年齢なのでしょうが、私は再スタートをきった人生をゆっくり一歩一歩進んでいきます。

娘の卒業式

公邸料理人は、有名な料亭やホテルの一流シェフがなるものと思っていました。料理学校も卒業していない主婦の私に声をかけていただけるなんて思いもしない出来事でした。

国際交流サービス協会の担当者Mさんから、

「次期シドニー総領事夫妻が、あなたにぜひお会いしたいと言っています」

と連絡が入った時は信じられない気持ちでした。

次期シドニー総領事夫妻にお会いする前に、Mさんにお尋ねしました。

「私で大丈夫ですか？」

私は総領事夫妻が娘のことをご存じなのかが気がかりでした。

Mさんからは、

「今回、ご夫妻には、小さなお子さんがいらっしゃるのよ」

と、その一言だけでした。

Mさん付き添いの上、ご夫妻に初めてお会いしました。

ご夫妻は、私に一〇歳になる娘がいることをご存じでした。

もし、採用していただいた時は、来年の娘の小学校卒業式、中学入学式には日本に一時

シドニーの公邸

帰国させていただきたいとお願いしました。

ご夫妻は快く承諾してくださいました。

その後、あいにく、男性の料理人がシドニーに着任することが決まったと報告を受けましたが、私は声をかけていただけでも光栄でした。

数か月後、Mさんより連絡がありました。

「シドニーの公邸料理人さんが諸事情で離任されるため、もう一度、在シドニー総領事夫妻がお会いしたいと言っていますがどうしますか？」

息子さんの秋休みに総領事ご夫妻は一時帰国される予定で、私は再びお会いすることになりました。それから一か月後、シドニーに旅立つこととなりました。

海外での運転が不安なため、運転手さんに

買い出しに連れて行ってもらうことになりました。連日の会食で疲れているせいか、車に乗るとすぐに寝てしまっていました。

車がハーバーブリッジにさしかかっていた時に目覚めました。

「オペラハウスが見える。そういえばオーストラリアに留学することに憧れていたことなんてすっかり忘れていた」

シドニー赴任から半年が過ぎ、やっと遠い記憶がよみがえり、憧れていたシドニーに来ている実感がわきました。

私の都合で休暇を頂くのは心苦しい思いでしたが、約束通り、三月下旬に娘の卒業式のため二日間お休みを頂き、一時帰国することになりました。

日本に戻る機内で、私は娘からもらった手紙を読み返していました。それは私が旅立つ日に娘からもらった手紙です。二枚目にはお友達に書いてもらったかわいいイラストが描かれていました。

〝ママが急に外国に行っちゃうことになったから急いで友達に描いてもらったの。嫌なことがあったらすぐに戻ってきてね〟

同封された封筒に、刺繍がほどこされたフェルトのペンケースが入っていました。手先が器用な娘が作ってくれたものです。

半年ぶりに会う娘は、久しぶりに会うそぶりもみせず、私に話しかけてきます。

「これどう？　早めに予約しておいたんだから」

初めて着る袴にご機嫌の娘、小学生が振袖を着て卒業式に出席するのには驚きました。

卒業式では娘のクラスの子たちが、壇上で一人一人将来の夢を発表していました。今日は皆凛々しい顔に見えました。私が知っているまだあどけない顔をした子供たちは、毎朝ピンポーンとインターフォンを鳴らし、娘を迎えに来ては「お腹が空いた〜」と家で朝ごはんを食べていく子。夜ご飯を食べていく子もいました。

ひな祭りやハロウィン、クリスマスパーティー、子供のイベントは我が家の行事でした。娘の友達が泊まりに来た時は、いつもお決まりのコース、カラオケの後に銭湯に行き、コーヒー牛乳を皆で飲みほしたこともつい昨日のことのようです。

娘が自分の夢を発表する番です。将来の夢を語る娘を見ながら、東京に引っ越してきた日を思い出していました。

あの日は土砂降りの雨、主人が大家さんの所へ鍵を受け取りに行く間、駅前の電話ボックスの中で当時三歳の娘と犬二匹を連れて雨宿りをしていました。娘は自分が濡れていることよりもポケットからハンカチを出し、ワンちゃんの身体を拭いている光景が目に浮かびます。

友達と記念撮影している娘が卒業証書の筒を入れていた手提げ袋。

一年生の時に私が作ったものでした。

当時は、娘に「友達はキャラクターが描かれた手提げ袋を持っているのに……こんなのいや！」と文句を言われたものですが、まさか六年間大事に持っていていてくれていたとは思いもしませんでした。

帰り道、中目黒駅近くのお寿司屋さんで卒業のお祝いをしました。駅周辺のお寿司屋さんには、自転車でよく娘と食べに行っていました。

あの時はいつも行くお寿司屋さんが臨時休業。仕方ないから帰ろうと目黒川沿いを自転車で走っていた時に娘が見つけた寿司屋。

こんな所にお寿司屋さんあったかしら。

この辺はお店の入れ替わりが早いから気がつかなかったのかも。それにしては年季の入った店構えに見えました。

「ママ、ここで食べよう」

店前に自転車を停め、店に入りカウンターに座りました。会社帰りのサラリーマンが三人カウンターに座っていました。入り口に「現金のみ」と書かれていたことに不安がよぎりました、もしや高いのでは。

とりあえず注文しました。

「マグロね」と娘。

「マグロをお願いします」

時価相場は見当がつきません。

「そろそろ帰ろうか？」とささやくように娘に言いました。

「えっ、まだそんなに食べてないよ？」

「ドンキで美味しそうなお寿司売ってるから買って家で食べよ」

ぐずる娘をサラリーマンがちらっと横目で見ていました。

私は娘をなだめるように、

「あと一つね」

と言い、娘の分を大将に注文しました。大将が、「お母さんは？」と尋ねます。

「結構です」

会計を済ませ、お釣りが二〇円戻ってきた時にはホッと胸を撫でおろしたことを思い出しました。


カウンター越しに、業者さんが裏口から入ってくるのが見えました。業者さんが持ってきた木箱には馬糞雲丹と書かれていました。

私は、娘に「雲丹好きでしょう？」

「うん」

大将は聞いてきました。

「業者がちょうど雲丹を持ってきたんで、よかったら召し上がりますか？」

娘の嬉しそうな顔。

「軍艦巻きにしてほしい」と自分から大将にお願いしていました。

雲丹を食べていた娘がふと私のほうを振り向き、尋ねました。

「ママの作るお料理、外国の人は美味しいって言ってるの？　だって日本の食べ物って美味しいでしょう」

次の軍艦をほおばる娘。

「美味しいって言ってくれてるよ」

「なら良かった」


店を出て、娘をタクシーで自宅まで送り、私はホテルに向かいました。

タクシーの運転手さんが娘だけ先に降ろしたので不思議に思われたのでしょう。

「先ほど降りられた方は娘さんかと思いましたよ」

「そうです。離れて暮らしている娘なんです」

「そうだったんですか」

運転手さんは気まずいことを聞いてしまったというような顔をしていました、

翌日午前中は娘と渋谷で買い物をし、そして早めのランチを済ませて、中目黒の改札口で別れました。改札口を入り、振り向くといつまでも手を振る娘。

「ママ、バイバイ」

私のほうが泣きそうでしたが、いつまでも笑顔で手を振る娘にママが泣き顔を見せるわけにはいきません。

この一か月後にはまた、娘の中学入学式のためオーストラリアから一泊二日で帰国することとなりました。一か月ぶりに会う娘もどこか成長してみえました。

はじめての会食　二〇一六年

私が物心つく頃、両親は神戸で焼き鳥店を営んでいました。小学校から帰宅してすぐに串に鶏肉をつくお手伝い、店が開店すると私は住居となる店の二階で弟の面倒を見ていました。勉強するよりも店のお手伝いは楽しいものでした。

両親が北海道に移り住んでからも、いくつもの飲食店を営む両親は忙しく、私が店番をすることも時々ありました。まだ小学生だった私は、テイクアウトのお客様のお釣りを間違えたこともあり、算数の計算はお店で覚えていったようなものです。家を出てからは両親とも疎遠になっていましたが、まさか父と同じ道を歩むことになるとは、天国の父も苦笑いしていることでしょう。父は器にはうるさく、母が作る料理に「この器は合わない、こっちの器のほうが料理が映える」などとよく注文をつけていました。子供の私たちからすると、器なんてどうでもよく早く料理が食べたいと思っていました。今となってはもっと料理や器について教えてもらっていたらなと思うことがあります。

父の器へのこだわりが幼少期の記憶に残り、それが現在の仕事に役立てられています。帰国するたび、催事されている陶器市を巡ることもあり、素敵な和食器に出合うと、どんなお料理に合わせようか考えるだけでもワクワクしてきます。

和食ならではの季節感を大切に

シドニー総領事公邸の執事は日本人女性でした。執事の役目は公邸を管理することです。そして会食時はお客様をもてなすバトラーとなります。彼女はワインの知識も豊富で、会食のワインをセレクトしていました。なお、オーストラリアではアルコールをお客様に提供する場所で働く場合は酒類取扱い資格が必要となります。日本酒はきき酒師の資格をもつ私が選んでいました。

公邸には、ポリネシア東部にあるクック諸島出身の七〇歳のお手伝いさんがいました。着任したばかりでまだ何もわからず心細い思いをしていた私は、彼女にいつも励ましてもらっていました。

料理を作った時は、いつも彼女たちに味をみてもらっていました。基本は一人仕事、自分の経験と五感に頼るほかありませんでした。

不安を抱えていた私に、総領事から提案がありました。

「日本人は失敗がいけないことと思いがちですね。でも失敗は何度繰り返してもいいんです。経験から人は学んでいくものですよ。ウチコシさんがこちらに慣れるまでは、同じメニューで会食をこなしていきましょう」

週二〜三回の設宴は、当初のメニューを変えずに同じ物を幾度も作っておりました。そして総領事に感想を伺い、そのつど改善していったものです。

お客様の到着時間が遅れていると連絡があれば、厨房台に並べられていた先付けを冷蔵庫に入れ直し、もう到着するころだとまた冷蔵庫から出したりを繰り返したものです。焼き物と同時に揚げ物を準備といったように、同時にいくつもの作業をしなくてはいけませんので、要領を得るまでは大変苦労しました。

昼食会　手打ちそばは日本人に喜ばれます

お昼のメニューとして、日本人のお客様にはお蕎麦を召し上がっていただいておりましたので蕎麦の道具一式を揃えるのは一苦労でした。こね鉢はキッチン用具店で一番大きなボウルを購入、麺棒はホームセンターで棒状の木を麺棒の長さにカットしてもらい、それにやすりをかけました。麺台は、木材を麺台の大きさにカットして製作。テーブルの上に滑り止め用のゴムマットを敷いてから麺台を置きます。

長年海外で暮らしている日本人のお客様には、手打ち蕎麦は喜ばれました。

ある議員さんが昼食会に来られました。分刻みのスケジュールの中、昼食時間は四〇分と決められていました。私がお蕎麦を出し終えて片付けに入ろうとした時、執事からお客様がお蕎麦のお代わりを希望されていると伝えられました。危うく、ゆで汁を捨てるところでした。一〇分をオーバーしての会食終了でしたが、喜んでいただけたことは嬉しい限りです。

一度、総領事から天ぷら蕎麦はどうでしょうと提案がありました。揚げ物をしながら蕎麦の準備をするのは思いのほか大変な作業となり、一日限りとなってしまいました。


休日には市内の日本食レストランを巡っていました。

市内のレストランでは、日本の食材とフレンチやイタリアン組み合わせたフュージョン（融合）料理がもてはやされていました。メニューでもYUZUやKONBUを目にします。フレンチレストランのシェフに、日本食材店にも売られていない茗荷なんてどこで手にいれるのか聞いたことがあります。彼は直接タスマニアの農家さんから仕入れていたようで、日本の食材について熟知していました。また「Umami」についても語ってくれました。

世界中で注目されている「Umami」は和食だけではなく、チーズやトマトなどあらゆる食材にも含まれている成分と科学的に証明されています。今では世界中のシェフが第五の味覚と言われる「うま味」を利用して、独創的かつ繊細な料理を作りだしています。

最初の頃は私もフュージョン料理をまねた料理を作っていました。日本から取り寄せられた食材を使い、八寸は海の物、山の物を色とりどりに組み合わせました。メインディッシュの一皿には目で楽しんでもらえるように華やかに。スイーツを入れると全一〇品、それがこの国で喜んでもらえる和食だと思い込んでいました。しかしサーブが下げてきたお皿には料理が残り、ソースで器が汚れているのを見て、私はこんな料理を作りに海外に来たのではないと自分が腹立たしく思いました。

私が悩んでいるのを察したかのように、総領事から提案がありました。「料理の品数を減らしてはいかがでしょう。お客様のこころに残る一品を作ってみてはどうですか？」

総領事の言葉をきっかけに本来の日本食とは何か考え、時間があれば何冊も本を読んではメニューの構成を立て直しました。日本料理が無形文化遺産に指定され海外でも高く評価されているのはなぜか？　まずはそこから考えることにしました。日本人は昔から自然を尊重し、作物の収穫に感謝してきました。日本の地形により四季折々の海の幸、山の幸も恵まれています。料理だけではなく四季を感じていただくためには、器、盛り付け、部屋のしつらえにも気を配ります。そういった私たちの食の文化を、海外の人に伝えていかなければいけません。

オーストラリアも自然豊かな国です。日本のように四季もあることから、私は現地の旬の食材を使い、できるだけ手を加えずに調理することを心掛けました。品数を減らしたおかげで、一品一品丁寧に作業を進められ、準備の時間にも余裕ができました。

料亭吉兆の創設者、湯本貞一さんのお言葉に「料理は寸法。そして足し算ではなく、いかによけいなものをそぎ落としていくか、引き算が日本の美の姿」とあります。私は料理する時にはこの言葉を心にとめています。

召し上がる姿が美しく見えるように、素材の切り方や大きさも考えるようになりました。また盛り付けを工夫することにより、食べ終えたお皿の上がきれいなままとなります。これは召し上がっていただく人への配慮です。

私は現地のレストランに行き、箸を持って口に運ぶ女性が、どのくらいの寸法が食べやすいのか、観察してはメモをとっていたものです。

人数が多い会食の時は、エージェントからサーブを派遣してもらっていました。執事の合図を待ち、温めて置いたお椀を黒盆にのせてサーブが運びます。

しばらくして執事が、厨房に慌てて入ってきました。

「彼女、お椀の向き、逆に出していたわよ」

サーブは、お客様にお出しする時に、お椀の向きを逆にしてしまったのです。絵柄をどちらに向けるか伝えなかった私の説明不足でした。また、ある日の会食ではこんなこともありました。私は街路樹の落ち葉を拾い集めていました。通りがかりのご婦人から「何をしているのか」と尋ねられました。私は「料理の飾りに使用します」と答えました。ご婦人は「どちらのレストラン？　あなたの働いているレストランに行ってみたいわ」とおっしゃいました。その日の会食時に拾ってきた落ち葉をお皿に添えましたが、サーブが運ぶ時には落ち葉がありませんでした。サーブに「あれ？　落ち葉は？」と尋ねると、彼女はゴミだと思い捨ててしまっていたのです。

サーブを担当する方とのコミュニケーションも大事な仕事です。日本人なら言わずともわかることでも、料理の盛りつけや器の絵柄の向きは毎回一つ一つ丁寧に説明していかなくてはいけません。落ち葉を捨ててしまったサーブの女性は日本料理に興味を持ち、将来、日本料理店で働きたいと言っていました。日本料理に興味を持っていただけるのは嬉しいことです。

ミッション和牛を売り込もう

シドニーに着任した翌年の二〇一八年、日本産和牛のオーストラリア輸出が一八年ぶりに解禁となりました。オーストラリア市場への和牛の輸出解禁はとりわけ注目を浴びる出来事といえました。オーストラリアでは和牛の強力なライバルとなり得る豪州産WAGYUがすでに一定の地位を得ていたからです。WAGYUは和牛の血統が五〇パーセント以上、そしてサシは少なめで、近年脂身をあまり好まないオージーには人気がありました。

オーストラリアでWAGYUが生産されるようになったのはおよそ三〇年前と、その歴史は長く、WAGYU協会によると一九九〇年にアメリカ経由で和牛の遺伝子を持つ雌牛が到着し、その翌年、冷凍保存された和牛の精子や受精卵が輸入されたことでWAGYU飼育が開始されたそうです。

久しぶりの和牛（輸出の）解禁以降、とりわけ日本のスーパーでは宮崎牛A5ランクや鹿児島牛が店頭に並ぶようになりました。

また、もう一つ嬉しいニュースが入ってきました。二〇二〇年は東京でオリンピックが開催される年でもあり、私の出身地神戸がオーストラリアのホストタウンに選抜されました。

公邸では、オーストラリアの選手団のレセプションパーティーを開くこととなりました。そのパーティーには、選手団の他にオリンピック委員会のメンバーやスポンサーの方々が出席されました。お料理は日本料理だけではなく西洋料理も加えたブッフェ形式。

前日には、オリンピック水泳選抜選手大会に総領事夫妻と私が招待され、プールサイドから競技を見学させていただく機会に恵まれました。

初めて間近で観る競技に私も興奮気味。私はプールサイドでビデオを撮ろうと携帯を手に取り、待ち構えていました。スタートが切られると彼らの泳ぐスピードがあまりに早く、必死にビデオを回しても追いつくことができませんでした。選手が水面から顔を出すと大きく波打ち、その波と同化してさらに大きな波ができます。なんという迫力なんでしょう。

私は早めに帰宅をして翌日の準備を始めていました。翌日のレセプションには招待客は七〇名、興奮さめやらぬまま徹夜作業となりました。

このレセプションのために和牛イチボの部位を三キログラム注文しておりました。せっかく業者から良質の和牛を購入しても、それを調理できる技術が伴わないならば、食材を無駄にしてしまいます。着任した時に総領事から「メインディシュはステーキにしてください」と指示があったものの、どうすれば最高の肉料理、それに合うソースができるものかと日々試行錯誤していました。天板に厚くカットした和牛を焼くにも、肉の火入れのタイミングが計れないと、表面のみが焼け、中はレアになってしまいます。

市街から二キロほど離れたピアモント地区にあるフィッシュマーケット、こちらは豊洲に次いで取扱量が世界三位、規模は世界第二位のマーケットです。このマーケットの一角に市内で最も高級な肉を取り扱う肉屋さんがあります。

肉屋さんに陳列されている牛肉にはグレインフェッド（穀物飼育）、グラスフェッド（牧草飼育）、ランクもAA～A5、そして熟成和牛。最初の頃はどれをチョイスしてよいかわからず、カウンターに入り込み、肉をカットしているお兄さんに欲しい肉の部位を指さしながら、「私の人差し指、第二関節の厚さにカットしてほしい」といった注文をしていました。毎週肉屋さんに通っていたおかげで肉屋のオーナーも顔を覚えてくれ、肉についていろいろと教えてくれるようになりました。

こちらの肉屋さんでも、ショーウインドーに立派な最高級の神戸牛を陳列するようになりました。販売されていた神戸牛はワインを製造する過程で排出された葡萄の搾りかすを食べて育った牛で、こちらのお値段はオージービーフA5ランクの倍の値段でした。初めて神戸牛を試食したオーナーはあまりの美味しさに感激、赤身と脂身の絶妙なバランスと美しいサシに神戸牛のファンになったそうです。

地元のレストランのシェフの所に肉の捌き方、焼き方を教わりに行くこともありました。アルゼンチン出身のシェフは、「一番大切なのは、牛がどんな環境で育ったか、エサは何を食べていたか、どのルートで運ばれてきたかまで見極めることだ」と言いました。そして、「ついておいで、美味しい肉を食べさせてあげるよ」。

私は彼の友人宅に招かれました。アルゼンチンでは、アサードというBBQが有名です。彼の友人宅では、すでに男性三〜五人が裏庭で石をサークル状に積み上げ、中に炭を入れて火をおこしていました。火おこしから一時間経った頃に石の上に網を置き、熱せられた網で鶏肉を焼きます。煙が立ち上り、豪快にぶつ切りにされた鶏肉から香ばしい香りが辺り一面立ち込めて、食欲をそそられてきました。シェフが私の皿に鶏肉を取り分けてくれました。味付けは岩塩のみ、特にマリネされていたわけでもないのに、一口食べると炭でスモークされた香ばしい香り、程よい塩分があとをひく美味しさ。塩のみで素材のおい

シドニーの高級肉屋さん

ワイルドなアルゼンチン式 BBQ「アサード」

こんがりジューシーなチキンは前菜扱い

しさを引き出していました。

シェフは「まだ鶏肉は前菜」と言います。シェフが網の両端に石を高く積み上げると網が火元より遠くなりました。そして何キロもある豚の塊を網にのせました。男性が交代で火の番をしています。

「火加減が大切、強くなりすぎないよう時間をかけてじっくり焼いていく」

「ソースは?」

「ソースなんていらないよ〜! まあ食べて」

本当にソースなんてなくても美味しい〜!

豚肉を食べている間に、メインとなる牛のステーキが焼かれ始めました。こちらも味付けは岩塩のみ。どれを食べても、味わい深いものでした。

これが良いヒントとなり、早速業者に炭は手に入るかどうか連絡をしました。備長炭を用意してもらいました。空になった油の一斗缶に炭を入れてキッチンの裏で火をおこしました。網の上に和牛サーロインをのせ岩塩をふり、焼き始め数分も経たないうちにサーロインから脂がしたたり落ち、火が立ち上ります。こげつかないように幾度となく肉を火からおろす作業を繰り返さなくてはいけません。

香ばしく焼きあがった肉をしばらく休ませ、カットしてみました。中はほのかにピンク色、ほとばしる肉汁、口に入れるとほど良い塩加減、ソースがなくても岩塩のみで肉のうま味を十分引き出すことができました。

これならお客様にも満足してもらえるはず、早速、次の日の会食に神戸牛サーロインステーキの炭火焼きとしてお出しいたしました。

お客様の反応が気にかかりながらも、次のお皿の準備をしていたところ、

「どこのお肉を使っているの？　すごい美味しい」

と、お客様から執事に尋ねられたそうです。

会食後出席されていた奥様が厨房にお越しになり、

「お肉変えた？　すごくおいしかったわ」

と、大変嬉しいお言葉を頂戴いたしました。

その数日後に行われたレセプションではローストビーフを提供することにしました。収穫期にはまだ早い時期でしたが、友人に頼んで干し草を分けてもらえる牧場を探してもらいました。牛肉の塊を干し草で覆い冷蔵庫で数日保存。こうすることで干し草の乳酸菌が発酵し、菌の力で肉のうま味がアップされます。まったくの自己流ですが、一週間後に干し草に覆われたままオーブンでゆっくり火を通しました。こちらも大変評判でした。人間と同じく牛も育った環境や風土によって味わいもまったく変わります。

通常はオーストラリアのスーパーや肉屋さんでは販売されていない薄切り肉でなんとかすき焼きやしゃぶしゃぶをご用意できないかと肉屋さんに相談しました。「そんなに薄く

切った牛肉や豚肉をどう調理するんだ」と肉屋さんに尋ねられ、一度すき焼きを試食してもらいました。

彼は「こんなに薄くても肉の旨味を感じられるなんて！」

それから彼は快く薄切り肉の注文を引き受けてくれました。

私の肉料理の探求心もまだまだ学ぶことが多いようです。次の赴任地、ボストンではまた一から肉の調理法を構築しなくてはなりませんでした。

賄いカレー

公邸でレセプションが開かれる前日に、スタッフの賄い用にカレーを作っておくことがありました。カレーを作ると匂いが充満してしまいますので、その時ばかりはダイニングに通じるドアをすべて閉めておく必要がありました。

寸胴鍋を用意して、お肉をよく炒め、野菜を加えて炒めます。そしてカレーのルウを二種類合わせ、野菜が煮崩れる頃に完成という、隠し味も何もないいたって普通のカレーです。カレーを一人で食べても味気ないものですが、みんなで食べるカレーは美味しいものです。

昔、料理番組を観ていて、司会者の方が言いました。

「カレーって野菜と肉を炒めてルウを入れるだけじゃない。子供でも作れるじゃない。失敗する人いるかね～」

「私だ」

テレビに向かって叫びました。

カレーへの探求心が高まった私はもっと美味しいカレーを作りたいと、さまざまなスパイスや調味料を加え、出来上がったのは、見た目はカレーでも味はカレーからかけ離れたものへ……失敗でした。

カレーの食べ歩きをして、インドカレーを習いにインド人のお宅へ行き初めてカレーを手で食べたのはこの時です。スプーンで食べる味わいとはまた違い、手で食べるほうがおいしい！　スリランカのカレーをスリランカレストランのシェフから習っては、初めて聞く名前のスパイスを買い揃えていました。カレーは、食べた時に五味（甘味、酸味、苦味、塩味、旨味）がバランス良く感じられる、カレーってなんて奥深い料理なのでしょう。

これほどまで世界中で食べられている料理はカレーの他には見当たらないでしょう。

私の父は家事を一切しない人でしたが、時折家族にカレーを作ってくれました。カレーだけはこだわりがあり、気が向くと大量にカレーを作るものですから、次の日も、また次の日もカレーの日が続きました。残さず食べなければ父に叱られます。

そんなことから、大人になってからはカレーを食べようとは思わなくなっていました。

しかしタイに渡り、初めて食べた本場のグリーンカレーや、マッサマンカレーに感動し、マレーシアではバターチキンカレーの美味しさに、ついにカレーに魅了されてしまいました。

現在では日本のカレーのルウやレトルトカレーが海外のスーパーでも販売されています。長年日本で暮らしていたアメリカ人の友人はニューヨークに戻り、日本のカレーが恋しいと日本の食材店でカレーのルウを購入しては自分でベジタリアンカレーを作っているようです。私は余った鍋料理をカレーにしたり、冷凍してコロッケやカレーパンを作ります。カレーは自分の好みにカスタマイズできる万能料理ではないかと思います。

カレーはそれぞれの家庭によって異なります。どの家庭でも母が作る我が家のカレーに勝るカレーはないといえるでしょう。

カレーに肉ではなくツナ缶を入れてくださいと言う方もいらっしゃいました。

「カレーにツナ缶？」と初めは驚きましたが、実際作ってみるとツナ缶の汁も加えることで、カレーの風味がまろやかになります。煮込んでいるうちにツナの形はなくなりますが、お肉が苦手な方には良い調理法だと思います。

お子様用には甘口を用意してほしいとの依頼も多いです。ルウを甘口に変えるだけではなく、コーンを入れたりします。

私の目指す究極のカレーも、食べた人が故郷を思いおこしてもらえるようなカレーです。

しかし私にとって、他人様《よそさま》のお宅でカレーを作るのは難しいものです。食材は何を入れるのか、野菜の切り方は？　カレーのルウはどこのメーカーのものを使用するのか、どのぐらい煮込むのか、ご飯は白米か、それとも雑穀米か。細かな部分までお客様に確認する必要があります。

カレーを研究している方が、どんなカレーが人々に好まれるか調査してみると、多くの人が名店のカレーではなく家庭のカレーが一番おいしいと答えたそうです。市販のルウで作る家庭のカレーとは意外でした。味というよりも、その心に残るおふくろのカレーなんでしょうね。

私の賄いカレーを食べた職員の方から、「シェフのカレーにはジャガイモは入っていないのです」

「そうです。私のカレーにはジャガイモは入っていないんですね～」。

それが我が家のカレーなんです。

一時帰国

シドニー在住も三年目を迎える夏、いつも通り、朝のミーティングで本日の会食、そして来月の会食予定を総領事に確認しておりました。

「実は発令が出てね。今月末で離任になるよ。来月からの予定はすべてキャンセル」

唐突なことに私は、「今月末ですか！」と思わず口にしました。

総領事の離任は私にとっても今月で任期終了を意味します。

任期は二～三年と聞いていましたが、何の前触れもなく今月とは急なことでした。

今月末まで会食が詰まっていたため、最後の日まで、バタバタの引っ越し劇でした。

まだ次の赴任地は決まっていなかったので荷物を市内のコンテナに預けての帰国となりました。引っ越し業者は、駐在員の諸事情も知っており、次の行き先が確定するまで三か月間は無料で荷物を保管しておくことが可能でした。

任務をまっとうできたことに安堵していたのもつかの間、さてこれからどうしよう？

五〇歳を迎えようとしている私に次の仕事があるのか、不安しかない心境ではありましたが公邸料理人という仕事に出会いまだまだ学ばなくてはいけないことがたくさんあります。

海外の方々に日本料理をもっと知ってもらうためにも公邸料理人を続けていきたい意思を、担当のMさんに伝えました。

一旦実家のある小樽に戻った私は、三日後にはフーテンの寅さんのごとく小さなスーツケース一つに包丁を入れ料理修業に旅立ちました。まずは京都の宇治に一週間滞在、鰻専門店の大将に弟子入りし、鰻の捌き方を一から教わることにしました。串うち三年、炭八年と言われるくらいですから、一週間で覚えられるわけではありません。

始めのうちは素手で鰻もつかめず、軍手で鰻をつかむのも至難の業。

大将に、「鰻の顎をつかめ」と言われても鰻の顎がどこなのか見当もつかない始末。朝から日が暮れるまで鰻をつかむ練習。真夏の炎天下、毎日鰻を捌き、炭で焼いているうちに顔は炭で真っ黒、修行にきた料理人さんでも途中暑さでギブアップする中、好奇心と忍耐だけは人一倍ありました。

一週間ではお世辞にも私の捌いた鰻を商品として扱えませんが、身内なら食べてもらえると、淡路島に住む一〇三歳の祖母に食べてもらいたいと私の焼いた鰻を送りました。

次に向かったのが青森県八戸。青森といえば雪のイメージが強いですが、自然があり海産物の宝庫、日本でも食料自給率の高い県です。東京から八戸までは新幹線で約三時間という立地から、移住を考える人も多いようです。滞在期間中、農家さんや酒蔵、食に関わる方々との交流がありました。八戸で乗馬クラブを経営されている方から、「乗馬に来られたお客様の休憩中に軽食を提供したい、そのメニューを考えてもらえないかしら？」

という相談を受けました。私は鯖サンドと、ご近所さんのハーブ園から頂いたハーブティーを提案いたしました。牧草地から海岸を見渡せる素敵なクラブハウスで、乗馬の後、お食事を召し上がっていただけます。

知人に誘われて訪れたイタリアンレストランで食べた羊肉は、今まで食べた中でも格別に美味しいものでした。オーストラリアでもよく羊の肉を食べていましたので、「輸入されているのですか？」とシェフに尋ねました。

「階上町《はしかみちょう》で飼育されている羊です」

青森でこんなに良質な羊が飼育されているとは驚きました。

東京でイタリアンを経営されていたシェフが、階上町で食べた羊の美味しさに衝撃を受け、階上町に移住して、絶滅しかけていた羊を「南部羊」として飼育をし、今では、「南部羊プロジェクト」を旗揚げしていることとお聞きしました。

自然農法に携わる農家さんの所で小豆の収穫をお手伝いさせていただく機会がありました。大変な手間と時間がかかる作業ではありますが、そこで食べた作物は生命力が溢れみずみずしく、自然のうま味が凝縮されていました。

農業＝つらい仕事、そして低収入というイメージを抱いて若い世代は都会へ行き、農業を継ぐ人は年々減少しているのも事実です。一方今まで農業に関わったことがない人々が彼らの専門知識や価値観を活かすことで、新しい働き改革が始まっています。天災や気候変動から作物を守ることができるようになればいいですね。

今や青森だけではなく、他県の自治団体が町おこしや農業への取り組みを支援しているおかげで、若い世帯がUターン、Iターンをして農業や町おこしを担い、まちの活性化に繋がっているのではないかと今回の旅行で私は感じました。

九月に入り、まだ猛暑が続く東京に私はいました。

この日は目黒駅で娘と待ち合わせ。娘に会うのはその年のお正月以来でした。長く伸ばしていた黒髪を短く切り、身長はもう少しで追い抜かれそうです。いつも会話は娘から。

「ねえねえ、昨日さぁ～。学校でね～」

と、娘のトークが始まりました。

この日は娘の誕生日です。娘のリクエストは「きれいに盛り付けられているお料理が食べたい」でした。

目黒駅から目黒通り沿いに下った場所にあるイタリアンを予約いたしました。

六時にお店に到着、店内には一組のお客様のみでした。落ち着いた雰囲気の店内でスタッフの方が席を案内してくださいました。

娘のトークは止まることがありません、中学生ともなると新しいお友達も増え、母親としては、楽しく学生生活を送っていることに安心しました。

どのタイミングで次の赴任先を娘に話すべきが迷っていました。食後にお誕生日ケーキをシェフ自ら運んでこられました。

「お誕生日おめでとうございます」

娘は嬉しそうな顔。

「お誕生日おめでとう」

娘は蝋燭を吹き消しました。そこで私はようやく話を切りだしました。

「あのね、ママ……次はアメリカのボストンでお仕事することになったの」

「………」

娘は、無言でケーキを食べ続けていました。

「ママ、仕事楽しい？」

「楽しいよ。大変なこともあるけど。ママの作ったお料理を食べてくれた人が笑顔になってくれると嬉しいよ。日本にはこんなに美味しい料理がたくさんあるんだもん。たくさんの人に日本のお料理を紹介してね。いつか日本にも来てほしいなあ」

ケーキを食べていた娘は、

「私はおばあちゃんに美味しいご飯作ってもらえるから、ママはまだ日本のお料理食べたことのない人に作ってあげてね。それはママじゃなければできない仕事なんでしょう?」

「そう！　これはママじゃなきゃできない大切な仕事なの」

「ママも食べて、このケーキ美味しいよ」

にっこり微笑む娘。

「今度アメリカにも遊びに来て」

「でもアメリカは遠いし、飛行機のチケット代高いでしょう」

「アメリカに遊びに来られるようにママが頑張って働くからね、大丈夫」

会うたびに成長している娘が頼もしく思えました。

今回はゆっくり娘と過ごすことができました。

ボストン着任

令和元（二〇一九）年九月、すでに総領事ご夫妻はボストンに着任しておられました。

私はビザやパスポートの事務手続きが遅れ、一一月の着任となりました。ボストンは寒いと聞いていましたが、ローガン空港に到着して外に出ると、北海道より肌寒い感じでした。公邸に着いたのは、夜一〇時過ぎでした。長いフライトで疲れもありその日はとりあえず寝ることにしましたが、部屋が寒く、同行していただいた職員の方に公邸から電気ヒーターを二台持ってきていただきました。私の住居の地下にあるボイラーが、どうやら稼働していなかったようです。週末の到着だったこともあり月曜日にならないと修理を呼ぶことができません。部屋に設置されているスチームヒーターは懐かしく、それを見るのは高校生以来――。冬にお弁当箱をのせて温めておくと授業中にいい匂いが漂ってお腹が空いてきたものでした。

アメリカではいまだに古いスチームヒーターを使っている家が多いようです。

私の部屋は半年近く空き部屋だったせいか、ヒーターの上には蜘蛛の巣がはりめぐらされていました。

部屋が広すぎるせいか二台の電気ヒーターをつけてもなかなか部屋は暖まりませんでした。ついにはブレーカーが落ちてしまい、これには困りました。どこにブレーカーがあるかもわからず、休みの日に申し訳ないと思いつつ、職員の方に連絡をとりました。待つこと一〇分、公邸のことを熟知している執事から連絡がきました。私は携帯電話の明かりを頼りに、彼女の指示通り一階のガレージに行き、ブレーカーを探し当てることになるのです。しばらく二階のブレーカーが落ちたことがなかったと言う彼女は、どこにブレーカーがあるのか覚えていない様子でした。私は寒さで手が凍えそうでした。あきらめかけてきたころ、やっとブレーカーのある場所をみつけ私の部屋に明かりが灯りました。

翌日は到着していた荷物の整理、部屋の大掃除です。

部屋の掃除を済ませて、公邸の庭を散歩することにしました。ボストンの公邸は、木々に囲まれた、中世のヨーロッパの洋館を思わせる佇まいでした。公邸の隣に建てられていた二階建てのガレージの二階部分が私の住まいです。まるでハリー・ポッターの世界にタイムスリップしたかのようなレンガ造りの外観、出窓が六か所あり、一人で住むには十分な広さでした。庭にはリスやウサギの姿が見えます。なんてのどかな所なんでしょう。公邸の厨房の隣は、ブレックファーストルームと名づけられており、私のデスクが置かれていました。

クラシックなガレージの2階が私の住まいです

ここで私の生活が始まりました。

翌日にはレセプションパーティーを控えていましたので午後から買い出しがありました。

しばらく会食が続くため総領事とは事前にメールで打ち合わせを済ませていました。とりあえずは一週間分の会食メニューは決まっていましたが、その食材をすぐに調達できるかボストンに到着するまでは不安でした。しかし市内には日本の食材店の他、大型中華系、韓国系スーパーもあり、食材に困ることはありませんでした。

ほぼ徹夜でレセプションの準備、一回目の設宴が無事終わりました。

ホッとしているところに、お手伝いさんのジーンが来ました。

「シェフはなぜすべて自分で作るの？　前のシェフは、スイーツは外部発注してたわよ」

公館にもよりますが、前任地では外部発注など考えられないことでした。続けて彼女は言いました。「チーズケーキの美味しい店があるのよ。前のシェフが、よくそこでケーキ頼んでいたわよ」

私はパティシエでもないのでプロのようなお菓子作りはできません。ブッフェになると和と洋のスイーツと品数も増え、時間がかかります。女性のお客様はスイーツを楽しみにしておられますので、季節に応じたスイーツを作ることを心がけていました。

ボストンの厨房のオーブンはガスということもあり慣れるまで温度調整が上手くいかず、マカロン作りには何十回失敗したことでしょう。フランス出身のドライバーさんが一時帰国のおみやげに買ってきてくれた本場のマカロンの美味しさに感激しました。ほんのりとした甘さ、フワッとした触感、そしてレモンやストロベリーといった風味がしっかり感じられました。またまたお菓子作りの意欲がわいてきました。

公邸では、総領事の奥様がアフタヌーンティーを催されることがありました。私の作りましたショートケーキをお客様は召し上がり、日本を懐かしんでおられました。

到着から一週間は時差ボケがまだ続いており、頭はボーッとして身体がだるい状態が続きました。

レセプションの翌日、「トントントン」と誰かが一階のドアを叩いていました。時計を見ると午前一一時。私はパジャマ姿で一階に降り、ドアを開けました。私が見上げてしまうほど大きな身体をした消防士三名が仁王立ちしていました。

アメリカ映画で観たことがあるような制服姿の消防士に、パジャマ姿の私は取り囲まれました。

「君は誰？」

一瞬現実なのか、夢なのかわからなくなっていました。門は閉まったまま、外壁にははしごがかけられ、消防士がはしごを上って庭に降りようとしています。パトカーのサイレンの音も聞こえます。

「セキュリティーのパスコード知っている？」

私はそれですべてが解決するのであればと急いでパスポートを取りに行き、彼らにそれを見せましたが、どうやらパスコードとパスポートを聞き間違えていたようです。

私は執事から教わっていた緊急時に必要なパスコードを思い出しました。そして事の重大さがようやくわかり、公邸料理人であることを消防士に説明しました。

「昨日何かイベントありましたか？　非常ベルが鳴り、セキュリティから連絡しても、どなたも出られないんです」

総領事夫妻は外出していたため、公邸には誰もいませんでした。私も熟睡していたため、非常ベルが聞こえなかったのです。もし私がこの現場にいなかったら、公邸の窓を割り中に入るつもりだったと消防士が言いました。

私は裏口を開け、消防士に不審なことがないか公邸内を確認してもらいました。どうやら誤作動だったらしいのですが、この後日も、何度か非常ベルが誤作動を起こしたため、古くなっていた非常ベルを新しく取り換えてもらうことになりました。

着任後からハプニング続きでしたが、今となっては笑い話です。

パンデミック中に開墾

令和二（二〇二〇）年に発生した新型コロナウイルスのパンデミック以降、すべての会食予定はキャンセルになりました。執事とお手伝いさんは、週一日の勤務体制となり、公邸は静かなものです。このような事態が長引くと予想もしていませんでした。私は会食がないことに内心ホッとしていました。

周囲の人からも「少しはのんびりできる時間ができたわね」と言われていました。とはいえ、誰もが、まさかこんなに長引くとは思っていなかったでしょう。

何度となくこなしている会食も、いまだに会食前日から緊張して眠れないものです。お客様をおもてなしするには料理だけではなく、器や部屋のしつらえ、エントランスをはじめ、各部屋に飾る花においても気を配らなくてはいけません。無事に終わりますようにと明日の段取りを頭の中で何度も確認します。

公邸が街から少し離れた所にあるため、街がロックダウン（都市封鎖）になったと聞かされても別の世界の出来事に感じていました。周辺はお屋敷のようなお家ばかり。どのお宅も車停めのエントランスホールがあり、高価な外車が停められていました。私の暮らしている周辺はどこか現実離れしているようにも見えました。あるお宅のお庭にパーティーの設営の業者が出入りしていたのを一度見たことがある程度で、住人の出入りを見かけたことはありませんでした。大きなリュックを背負ってスーパーに買い物に出かけていたのは私ぐらいでしょう。近くのスーパーまでは、徒歩で片道四〇分はかかります。お天気が良ければ散歩ついでにスーパーまで行き、重い荷物を担いで帰るのは大変ですからウーバー（配車サービス）を利用していました。

散歩しながら、せめてコンビニが近くにあれば……私はいつも思いを巡らせていました。東京オリンピックが開催されていた時に海外のマスメディアが絶賛していた日本のコンビニは今や日本の文化の一つと言えるのではないかと私は思っています。飲食から日用品の販売、公共料金の支払いなどあらゆることに対応できる「アメージングストア！」と言われることが理解できます。私は成田空港に到着すると真っ先にコンビニに立ち寄ります。私が驚いたことはアメリカのコンビニでアルコール類が販売されていません。アメリカであれば、州によってお酒の販売には厳しいルールがあり、販売場所や時間が定められています。購入時に身分証明書を提示しなくてはなりません。

アメリカにいて恋しくなるもう一つはウォシュレットです。ボストンの気候は北海道に似ています。氷点下にもなれば門が凍り付き、開閉しなくなることもありました。そんな時に冷たい便座に座るのは体に堪えます。帰国するたびに購入していたものが便座カバー。公邸ではお客様が使用するトイレ以外、ウォシュレットを利用している家庭を見たことはありません。ウォシュレットを初めて使用した執事は、ぜひブラジルの両親にプレゼントしたいと言っていました。

公邸の外壁工事が始まると、私の生活は規則正しいものです。六時に起床、七時には工事の方が現場に来られるため、門を開けなくてはなりません。そしてその日の工事の進行を現場監督に確認。不在の執事に代わって公邸に来られる方や電話の応対も私の役目です。通常業務と違うことをするのは新鮮でもありました。またいつも公邸をマネージメントしている執事の大変さもわかりました。

コロナ禍では運動不足になりがちなため、朝と夜は散歩するようにしていました。近隣のお宅のお庭は手入れがゆきとどいていて、春先には、モクレンやハナミズキ、ソメイヨシノが咲き、散歩しながら素敵なお庭やお屋敷を眺めることができます。秋には変わりゆく街路樹の紅葉を眺めながら歩いていると、夕方に灯りがともり、一枚の絵ハガキのような風景です。

コロナ禍でも、週に一度は庭師の方が芝生を刈りに来ていました。あまりにも敷地が広いので、すべての樹木を剪定することはできません。手つかずとなっている場所は木々が生い茂りジャングルのようになっていました。私は探検家にでもなったつもりで時折その中を散策するのが好きでした。茂みの奥には沼地あり、そのほとりには影を潜めるようにスズランが咲いていました。何か茂みでカサカサと音が聞こえます。童心に返ったようにワクワクしていた瞬間、茂みからウサギが顔を出します。

私はその場所を再利用したいと提案し、畑を作る許可を頂きました。

長年勤務している執事は言いました。

「以前にも試してみたシェフはいたけど、見ての通り樹木が高くそびえ立っているせいで、日中、陽が地面まで当たらないのよ。無理、無理」

私は畑に関してはまったくの素人でしたが、パンデミック中は会食もなく、時間は十分ありました。まずはホームセンターに行き、農具と電動のこぎりを購入し、荒れた地を開墾してみることにしました。

予想以上に荒れ地を耕すことは容易なことではありませんでした。幸い職員の方で土壌に詳しい方がいらっしゃいましたので、一度、荒れ地の土壌を観察していただきました。この湿地で食物を育てるのは難しいため、地面の上に木枠を作り、土を被せてはとアドバイスを頂きました。

公邸の外壁工事を執り行っていた現場監督さんに相談すると、翌日すぐ二メートルある木材を四本と、土を運んできてもらいました。

監督さんが、言いました。

「僕らがやれば木枠なんてあっという間にできるよ」

しかし他人に作ってもらっては意味がありません。人生初のＤＩＹにチャレンジです。監督さん自ら金づちの持ち方から釘の打ち方まで私に教えてくださいました。

そうして完成したのが二メートル四方の木枠。木と木が重なり合う角は金具で固定しました。完成した木枠の中で、まずは野菜を育てるのに最も重要な土作りを始め、ネットで注文した夏野菜……なす、トマト、キュウリ、ほうれん草の種を蒔くまで一か月はかかり

人生初のDIYは家庭菜園

ました。

種を蒔いてから一週間後、「芽が出た！」と喜び勇んだのもつかの間。翌日には、見事にリスやウサギに食い散らかされ、畑には足跡だけが残っていました。

そこで私はお手伝いさんからミシンを借りて動物除けの網を作りました。畑の周りに網を張り、一年目はなんとか動物の侵入を防ぐことができました。しかし芽は出ても周囲に生い茂る木々が陽を遮断してしまい、いっこうに育ちません。

二年目はトマト、大葉、ししとうの苗を譲り受け、植えてみると、期待していた以上によく育ちました、何がこの土壌に適しているかまだわかりませんが、瓜、カボチャ等手に入る種を植えてみました。か細い茎にも花を咲かせるところまで成長、「ゆっくり、のんびりでいいんだからね。元気でね」と毎日話しかけていました。

三年目、まだ畑の上には少し雪が残っていました。スコップで雪を払いのけ土を掘り起こすとミミズを発見。「ミミズにとっても住み心地のよい土になってきたのか」

その年は小さいながらも、はつか大根、なすを収穫できました。

農家さんがおしゃっていた「自分ちの野菜は格別にうまい」という言葉。私も自分で育てた野菜は格別だと思いました。

厳しい環境の中で作物を育てることは大変ですが、次期料理人さんにもこの畑を引き継いでもらいたいものです。

朝の会食

朝七時過ぎ、総領事の運転手モーリーのガレージを開ける音が聞こえ、私は目覚めます。しばらくすると執事やお手伝いさんの車の音が聞こえます。私はシャワーを浴び、服を着替えてスッピンのまま、母屋（公邸）に行きます。ブラジル人の彼女たちに「ボンジーニー（おはよう）」と声かけます。一緒に働く彼らは家族のような存在でした。

彼らは仕事を始めるまでおしゃべりを続けます。

ようやく一人の時間。キッチンのカウンターにiPodを置き、ラジオ体操第一を始めます。最後にNHKのアナウンサーが「今日も一日お元気で！」。

その声を聴くと、よし今日も頑張ろう！　という気になるのです。

コロナ禍以降、会食の人数制限があり、少人数では業者に注文をすることも難しくなっていました。そのため、食材はスーパーで購入していましたが、よく利用していた老舗のファーマーズマーケットが後継者不足のため閉店という記事をローカルの新聞で知り、大変残念に思いました。そのマーケットにはアジアの野菜や珍しい野菜など、世界中の食材が取り揃えられていました。特にキノコの種類はシイタケやマイタケ、時季には松茸も売られているほど豊富に取り揃えられていました。松茸は隣のニューハンプシャー州に松茸狩りに行かれたお客様から頂くこともありました。チーズ売り場やお惣菜売り場での買い物も楽しみでした。このマーケットで手に入らない食材は、中華系スーパーに行くと手に入ることもありました。筍を見つけた時には、次いつ店頭に並ぶかわからないので、大量に購入し、瓶詰めにして保存しておきました。

連日会食があっても、献立には変化をつけた構成を心掛けていました。前日余った食料を利用することもあるので、当日に献立の変更をすることもありました。気温の変化に応じて当日に献立も変えることもありました。寒くなれば温かいもの、暑くなれば冷たいデザートなど。

ブッフェの時は執事やお手伝いさんにも手伝ってもらわなくては間に合いません。急に開始時間が早まった時には、運転手のモーリーにも応援を頼みました。彼はとても几帳面です。皆で作業をしていると自然に笑顔がこぼれます。以前ならすべて私一人でやり切ろうとしていました。間に合わないという焦りでイライラしていた時に、お手伝いさんのジーンがそっと背中を撫でてくれました。

「何か私たちにできることはない？」

そこではっと気づかされました。私ひとりじゃないんだ――。

並べたケーキの配列が少し曲がったっていいじゃないですか。

明日の会食準備をしていたところに、執事のアナがやってきました。私はアナに言いました。

「来週、急にディナーが入ったの。でね、同じ日に朝食もすることになったの」

「朝食？　なにそれ？　今まで朝食に誰かを招待することはなかったわよ」

「私も初めての経験よ。お客様方はアメリカ人だからコンチネンタルなんてどうかな？オムレツとか？」

「オムレツは具材に好き嫌いがあるんじゃない？」

「そうね〜」

出席者リストを確認すると、一名豚肉NG、一名貝類NGと書かれていました。アナが私に尋ねます。

「ねえ、日本人は朝、何食べるの？」

「普通は、ご飯に味噌汁、漬物、焼き魚におかず二〜三品かな、最近はパンを食べる人も多いけどね」

「そんなに食べるの！」

彼女は驚いた表情をしていました。

そうか！　これは日本の朝食を紹介する良い機会になるかもと、早速、総領事にメールを送りました。すぐ返事があり、朝食の献立を和食にすることにしました。

ＮＹに住む友人は、すっかり和食と和室の虜になり、マンハッタンの住居を和室と茶室に改築し、掘りごたつまで作っていました。

彼にメールすると、アメリカ人に和朝食を作ってあげることは大賛成。

「外国人にとって日本料理といえば寿司、ラーメン。ぜひ日本の朝食を紹介してください」と返事が返ってきました。

続けて、彼から提案で納豆を出してみてはどうかと、二枚の写真が送られてきました。その写真には納豆ヌードル、納豆チョコと英語で書かれていました。

彼は退職後、納豆が好きすぎて、納豆のアレンジ商品を次々と開発をしては海外で販売していました。利益にこだわらず彼の娯楽の一環ともいえるのでしょう。


私が初めて納豆を食べたのは北海道に転校してからです。今でも忘れることができない、私にとって衝撃的な事件です。転校してきた北海道の小学校で初めて食べる給食は楽しみでした。それもデザートまでついていたのです。

その日のデザートは最中アイス。皆、美味しそうに食べていました。私が一口かじると強烈な匂い、ネバネバ、な、なにこれ？　大粒の納豆が口の中で粘り始めました。それは納豆最中なるものだったのです。私は口の中に広がる匂いに息を止め、飲み込もうとしましたが、なかなか飲み込めません。やっと一口食べ、残った最中は隠すようにランドセルにしまい込みました。その後の始末が大変……。

朝食の食材の買い出しに日本食材店に行きました。日本食材店では前年店を増築し、定期的に物産展が開催されていました。海外でもやはり北海道の物産展は人気でしたが、イクラやウニは目が飛び出るほどの値段がついていました。それでもアメリカ人や中国人のお客様が買いにいらしていました。

この日は、珍しく甘塩鮭が売られていました、朝食にはもってこいの食材です。

買い物から戻り、執事のアナと食器のセッティングの打ち合わせをしました。小一時間ほどしかない会食の場合はお膳立てにします。朝食となれば、お膳立てが良いでしょう。しかし和食はなんといっても器の数が多いものですから、英語で印刷された献立表を見ながら器の配置をアナに説明します。

アナは器の配置を覚えやすいよう写真に撮り、「一度並べてみたい」と彼女は写真を見ながらテーブルに器を並べ始めました。

公邸のダイニングには四月ではありましたがまだチェストの上にお雛様とお内裏様を飾ってありました。地域によっては新暦の四月三日がひな祭りの所もありますよね。そのひな人形が違和感なく西洋に溶け込み和風の雰囲気をかもしだしていました。

奥様が、明日使用する花器の確認にダイニングに来られました。

奥様と花器の相談を終え、アナがテーブルにセッティングした器を確認しました。

なんとも満足げな彼女は、お茶碗の隣にフルーツ皿、コーヒーカップとスイーツ皿とすべて並べていたのです。

「お膳立てなのですべてテーブルに並べてと言ったけど……」

説明せずともわかるであろうと思い込んでいた私のミスです。

私はもう一度、丁寧に彼女に説明し直しました。食後にいったん器をさげること、そしてフルーツをお出しすること、その後コーヒーとスイーツを召し上がっていただくこと。

ようやく彼女も理解しました。

四月というのにボストンは霜が下りるほどに寒い日。私は五時に厨房に行き、準備を始めました。

献立は白飯、味噌汁、漬物、焼き塩鮭、出汁巻き卵、ほうれん草胡麻和え、自家製ターキーソーセージ（ポークNGの人がいるため）、筍煮物、茶碗蒸し、シーザーサラダ、ピクルス。食後のフルーツ、コーヒーとマカロン。

日本人のお客様であればぬか漬けをお出しするところ、今日はアメリカ人のお客様なので香の物はピクルスに変えました。

一週間前にニューヨークに行き、和食店で人気のある料理を数品いただきました。その中の一つに出汁巻き卵がありました。出汁巻き卵に染めおろしをつけて食べるのは私の好物の一つです。その店の出汁巻き卵は甘いものでした。こちらの人は照り焼きのような少し甘みを加えた和食を好む傾向があります。他にも手作り豆腐が人気のようです。納豆もメニューにはあり、意外と納豆がこの国で浸透していることに驚きました。

献立にお出しするほうれん草のお浸しは、胡麻和えに変更することにしました。胡麻和えには砂糖を使わず、柔らかい甘さに仕上げようと、煮切りみりんを使います。その日は寒かったので茶碗蒸しを追加。小ぶりの器に銀杏と三つ葉、熱い物が苦手ではと人肌に冷ましてお出ししました。甘鮭はガスオーブンで焼き、土鍋でご飯を炊きます。私の大切な道具の一つ土鍋、どこにでも持っていきます。

朝食開始は八時。時計を見ると開始一〇分前。「お客様がラウンジに到着」と執事が言いました。準備がととのった料理から執事がダイニングに運びます。

ゲスト全員がダイニングテーブルに着席した合図でお椀に汁をはります。今日の味噌汁は蕪と長ネギです。白飯とお味噌汁が運ばれました。

ジーンが「お疲れさま」とコーヒーを入れてくれました。コーヒーを飲みながら「ねえ、ジーン。一切れ鮭が余ったからお箸使って食べてみて」。

彼女は「えっ！」という表情を浮かべました。ブラジルの内陸で育った彼女はあまり好んで魚を食べません。魚は特別な日に家族と食べるご馳走のようです。この公邸で初めて鰻を食べた時には、「これは何？　これほど美味しい物があるのか」と感動したと言っていました。

「一口だけでいいから。お願い」

彼女に箸を渡しました。箸を使い慣れていない彼女は、左手で鮭を押さえ、右手に持った箸を焼鮭に突き刺して口にしました。

「この鮭美味しい！　アメリカの鮭って脂っこいでしょう」

「良かった！」

私はニヤリとしました。

執事が食器をさげてきました。急いでいる様子の彼女から、予定より会食時間が短縮されたことを聞き、フルーツと、その後に出すはずのコーヒーを一緒に運んでもらいました。

無事朝食会を終え、休む間もなく夜の会食準備にとりかかります。

海外で日本の朝ごはんを紹介するよい機会となりました。

ママの料理はイマイチ

令和三（二〇二一）年一一月末、一年ぶりの一時帰国。

まだコロナ禍でもあり、帰省を思案していましたが総領事夫妻も帰国するとあり、私も帰国することにしました。今回は一か月の日本滞在になるため、娘の通う高校の近くにアパートを借りることにしました。商店街も近くにあり、立地の良い場所でした。

高校生になった娘に会うのも初めてです。私は隔離期間を終え、娘を迎えに駅のホームで待っていました。

小手指行きの電車が停車し、制服姿の女子高生が降りてくるのを見るたびに、娘かしら？

まだ制服姿の娘を写真でしか見ていませんでした。

見失ってはいけないとキョロキョロしていると、

「ママー」

後ろから聞き覚えのある声がしました。

振り返れば、スーツケースを持った制服姿の娘でした。

彼女のにっこり笑うあどけない顔は小学生の時と変わっていませんでした。

「お腹すいたー」

「今晩何食べたい？」

久しぶりに会う親子の会話とは思われないでしょう。

商店街に肉屋さんがあり、店頭でもつ煮込みが売られていました。大きな鍋から湯気が立ち上り、もつがグツグツ煮込まれています。

「もつ煮込み、買ってー」

もつをかき混ぜているおじいさんが言いました。

「うちのもつは最高だよー。これに豆腐を入れるともっと美味しくなるよ」

私は二人分を容器に入れてもらいました。

ガラスケースの中に、生パン粉がついた豚肉が陳列されていました。

「すぐに揚げてあげるよ」

もつを容器に入れながらおじいさんが言いました。家で揚げ物をしなくても揚げたてを買える、なんて便利なんでしょう。

「豚カツは食べる？」

娘は「脂が多いから豚カツはいらない」

娘は横に首をふります。その辺は年頃ですね。

私が借りたアパートは、なんとも昭和の風情が残るアパートです。部屋は二階、エレベーターはなく、娘のスーツケースを二人で運びました。鍵を開けて中に入ると、

「へえー、見た目より広いし綺麗だね～」

外観を見てがっかりしていた娘は、室内はこぎれいだったことに喜んでいました。

私がこのアパートに決めた理由は、リノベーションされたキッチンは広く、二口コンロがついていること、そして娘の高校から近いことです。

次の日からは五時起きでお弁当作りです。

娘から預かった二段式お弁当箱は、上段がおかずで下段がご飯を入れる容器になっていました。

「こんな小さなお弁当で足りるの？」

「うん、足りる」

一日目、青のり入り卵焼き、隠元の胡麻和え、豚の生姜焼き、プチトマト、ブロッコリーのフリットです。

娘にお弁当を作るのは、五年生の運動会以来でした。

そういえば、娘が通っていた幼稚園では月に一回お弁当の日がありました。キャラ弁が

流行っていた頃です。当時、娘の好きな物といえば、から揚げ、甘く炊いた煮物でした。

「皆かわいいお弁当を持ってきている。私もそういうお弁当がいい」

「見た目だけかわいく見えるお弁当なんて美味しくないよ」

と、上手にキャラ弁を作ることができない言い訳をしていました。せいぜい海苔で顔を作るぐらいでした。あの時に娘の喜ぶお弁当にしてあげればよかったと反省しています。

家から出る前にお弁当を娘に渡すと、

「ママも一緒に来て」

「学校も一人で行けないの？」

どうしても娘にお弁当をつくってあげたくて帰国

「だってもうすぐテストだから、英単語帳見ながら歩いていたら危ないでしょう。ママが危なくないように見ててね」
私は、少しでも娘と長くいられる時間を嬉しく思いました。
学校が見える辺りに近づくと、娘が急にまじめな顔をして、
「ママ、もういい。帰って」

と言いました。

「えっ？　もう少し学校近くに行くよ」

「いいってば！　帰って！」

周囲は娘と同じ制服を着た学生ばかり、親と通学するのは恥ずかしいのでしょう。

「わかった。帰るね」


夕方、娘が帰宅。

「ただいまー」

「おかえり、お弁当どうだった？」

「う〜ん、なんか普通すぎ。もっとママらしいもの期待してたんだけど……」

「ママらしいもの？」

夕飯に娘の好きだったシーフードグラタンを作りました。携帯でYouTubeを見ながら食事する娘。

「ご飯の時ぐらい携帯観るのやめたら？」

シーフードグラタンには手をつけません。

「あんなに好きだったのに、なんで食べないの？」

「太るもん。おばあちゃんなら、ミユの好きな物なんでも知っているのに」

私は娘の好きな物をアップデートできていませんでした。娘はテーブルに置いてある市販品の茶碗蒸しを食べ始めました。

「茶碗蒸し美味しい！　ママ、もう一個食べていい？」

茶碗蒸しは変わらず好きでした。

デパ地下の食品売り場で、あるご婦人が買い物かごに茶碗蒸しを六パック入れているのをみかけました。市販の茶碗蒸しなんて美味しいのかしら⁇　と、初めて市販の茶碗蒸しを三個買ってみました。

私も一口食べた瞬間、

「わーっ！　この茶わん蒸し美味しいね」

クオリティーといいこの値段！　調理して蒸し器をだして、スがはいらないように……と手間をかけていたのはなんだったのでしょう……と言いたくなるほどの品質、あのご婦人が六パック買っていかれたのも納得です。

私の作った料理には手をつけず、もう娘の姿はありません。

風呂場から笑い声が聞こえてきました。

YouTubeを見ながらお風呂に入っている娘に、

「朝はパン？　ご飯がいい？」

と、お風呂場のドアを開けて尋ねました。

「どっちでもいいよ？　パンなら、柔らかいフワフワのパンね」

　翌朝、少しでもおかずを多く入れられるように下段の容器におかずを詰めました。今日は唐揚げがメインです。そして上段の容器にもおかず。おにぎりをラップして、フルーツを入れるとお弁当袋はパンパンでした。

　六畳ほどの広さにダブルベットとちゃぶ台が置かれたこの部屋では、座ったまま手を伸ばせば冷蔵庫に手が届くのが便利といえば便利です。

　テスト勉強で夜中に起きる娘は、そのままソファで寝ていました。ちゃぶ台の端に勉強道具を隅によせて朝食の支度をします。なかなか起きない娘を起こし、起きたかと思えばトイレでYouTubeを観ています。私の時代はテレビっ子という言葉がありましたが、今の子供はYouTubeっ子ですね。

「そんなにYouTube観てて、おばあちゃんなんにも言わない？」

「言わないよ」

　私もそれ以上は言わず、彼女の生活のリズムを壊さないように…ガミガミ言わないママでいようと決めていました。ただ一つ気にかかることは箸の持ち方です。私はアマゾンで矯正箸を二タイプ購入しました。一つは箸の指を置く位置に丸い輪があり、その中に指を通すタイプと、もう一つは輪がついていないタイプです。使うのを嫌がるかと思えばあっさりと使い始めていました。

思春期真っ盛り、親がウザいと言う年頃。電車で若い子たちの話す会話を聞いていても、会話についていけない自分の年齢を自覚します。娘が言うことにも、「えっ！　今なんて言ったの？」と言う始末。

「何度も同じこと言うのウザい」


ある日、娘を見送ってから、掃除をしていました。チョコレート饅頭と書かれた包紙が机の上に置いてありました。お饅頭なんて娘は食べないと思い、ちょうど小腹が空いていた私はそのお饅頭を食べてしまいました。

娘が帰宅して、尋ねました。

「あれ？　机の上にあったお菓子は？」。

私は食べてしまったことをすっかり忘れてしまい、

「知らないわよ〜」

「先輩にもらったお饅頭なのに……」

お饅頭と聞いて、私は思い出しました。娘に食べてしまったと正直に伝えると、

「そんな自分勝手だから、パパに離婚されるんだよ。離婚はママのせいだからね……信じられない！」

と、なんともグサッとくる言葉、私は布団をかぶってふて寝です。

「思い描いていた娘との暮らしとは程遠く心が折れそう」

久々に会った友人に泣き言を言うと、

「でも本当にママのこと嫌いなら、ご主人の所に帰るんじゃない？」

「それもそうよね」

その言葉に、元気づけられました。

帰り際、スーパーでもんじゃ焼きの素というものを見つけ、娘がもんじゃ焼きが食べたいと言っていたのを思い出しました。お好み焼きはよく作っていたもののもんじゃ焼きはどのように作るのか？　昔、月島にもんじゃ焼きを食べに一度連れていってもらったぐらいでした。

袋の裏に書いてある作り方を参考に具材は家にある食材できそうです。よし作ってみようともんじゃ焼きの素を買いました。と、その時、ホットプレートがないことに気づきました。急いで近くのドンキで購入。

帰宅した娘に、「今夜はもんじゃ焼きよ」と伝えました。

「やったー！」

「ママ、作り方知っている？」娘が私に聞きました。

「まかせて！」

娘は私服に着替えながらも、いつものようにYouTubeから目が離せない様子。

私は早速ホットプレートを温め、もんじゃ焼きの袋に書いてあった通りキャベツで土手を作り、生地を中央に流しこみました。しかし土手の意味もなく、生地はホットプレートの隅から隅に流れていきました。

それを見た娘が、「なんか作り方全然違うんですけど〜」。

「食べられればいいんじゃない！」

「逆切れしてるし」

さて、お味のほうは……おいしい！

「ねえ、今度さあ、牡蠣とか餅入れてよ」

「じゃあ、お友達呼んで、もんじゃ焼きパーティーやろうか」

「いやだよ！　こんなボロアパートには呼びたくないよ」

「ねえ、最近のお弁当どう?」

「うーん、イマイチかな……。ママの料理は、エライ人にはいいんだろうけどお子さまにはイマイチなんだよね。おばあちゃんの料理はもっと美味しいよ〜」

私の学生時代は、母が作ってくれたお弁当が何よりも美味しいものでした。娘にイマイチと言われたことはかなりショックでした。娘が大人になり私が作ったお弁当を思い出してくれるといいのですが……。

「それに、お弁当が冷めてるんだもん」

娘へのお弁当作りも残り一週間、温かいお弁当を持たせてあげようと、ネットで保温機能付きのお弁当を購入しました。

次の日、娘が帰宅して、空になって返ってきたお弁当箱。

「お弁当どうだった?」

娘の反応は、「前よりまし」でした。

あとがき

令和四（二〇二二）年九月、ようやく発令があり、在ボストン総領事館を離任となりました。

私自身、公邸料理人という仕事に二期携わり、職員の方々はじめ現地のスタッフに助けられ、無事在任期間を終えることができました。まだまだ技術的にも未熟な私が、外交という舞台で日本料理を披露してきたことは今思えば大胆不敵なことだったといえるでしょう。

コロナ禍以前であれば、会食後、私はダイニングで招待客にご挨拶しておりました。度々質問されるのが「日本ではどちらのお店で働いていましたか？」。料亭で修業していたわけでもない私には、期待に応えるような返答はできませんでした。

ただ遠のいていく記憶の中で、私の原点となるものは母の作る料理でしょうか。か細い身体で一〇〇人以上の学生の賄いを作っていた母。父が亡くなった後、私はテレビ制作会社を退職し母を手伝っていました。料亭の料理とは違い手の込んだものではなくても、既製品の物はほとんど使わず、とにかくボリュームがあればいいといったものでした。なにせ部活を終えた学生はよく食べます。彼らにとってはおふくろの味とでもいえたのでしょう。

私のお料理を召し上がった方から、「シェフの作る料理はどこかほっこりするね」と嬉しいお言葉を頂いたことがあります。

ボストン在任期間中、何度か市内のシェルターハウスを訪れ、ホームレスに食事を提供するボランティアをしていました。ボランティアリーダーを務めるイタリアンレストランのシェフが言いました。

「彼らが望むのは温かい料理、そして大事なのが家庭で食べているような雰囲気づくり」

ダイニングでは彼らと一緒にボランティアも食事をとります。

私がコーヒーの担当をしていた時に、

「コーヒーにミルクと砂糖入れてね。砂糖は大匙二杯分よ」

フレンドリーに話しかけてくる男性を、初めはスタッフの人だと思いました。あとでホームレスだと知りました。

ある時は、顔見知りになったホームレスから尋ねられました。

「おはよう、今日のメニュー何?」

「チキンのグリルとパスタ、コーンサラダ」

「コーンサラダ、うちの息子好きじゃないのよね」

「じゃあ、トマトが少しあったからトマトサラダ作ろうか?」

「流石《さすが》！　シェフ」

最初の頃は、どこか彼らにしてあげているという偏見の目がありました。それが次第に対等な立場で彼らに接するようになっていきました。ボランティアリーダーからは、活かされた能力や技術を誰かとシェアすること、またハッピーなことや辛いことがあった時も誰かとシェアすることが私たちにできることなんだよと教わりました。

いつもピザを焼いていた彼は、私に尋ねました。

「カズサは何かシェアできる?」

私ができることを考えあぐねた末、日本料理しかないと、唐揚げをホームレスに作ったのが大変好評でした。それから日本に帰国した時も、ひとり親家庭にお弁当を作る活動に参加するようになりました。一度私の職業についてお話をする機会をいただいたことがあります。公邸料理人という職業を初めて知ったシングルママさんは、「どうやったらなれるのか? 年齢制限はあるの?」と熱心に質問されていました。「いえいえ、私の年齢でもなれますよ」。私の話に自然と笑みがこぼれるお母さんたち。そのことがきっかけともなり、本を書いてみようと思い立ったのです。

新型コロナ拡大で活動は続けられませんでしたが、ひとり親家庭への影響は深刻な問題となっています。社会全体の協力が必要な問題でもありますが、まずは私たち一人一人ができることから取り組んでいけたらいいのではないでしょうか。

余談ですが昨年、私の五一歳の誕生日、母と温泉旅行に行きました。忙しい合間をぬって弟と妹も合流、久しぶりに家族が揃ったことに母も嬉しかったのでしょう。ほろ酔い気分の母は私が突然イスラエルに旅立った日のことを話し始めました。今まで気まずく、母から聞くことはありませんでした。

その日、両親はパニックに陥り、外務省、在イスラエル大使館に連絡をしたそうです。私がパキスタン航空で出国したことがわかり、すぐに航空会社に連絡をし、飛行機を日本に引き返すように懇願しました。犯罪者や急病人が乗客でない限りは不可能と断られたそうです。

キブツのこともまったく知らなかった両親は、知人の大学教授からキブツについて学んだようです。私の滞在先のキブツに連絡があったのがそれから半年後でした。英語塾を営む叔母の友人ナンシーが私の自宅を訪れ、私の滞在するキブツに電話をかけてきました。

キブツでは部屋にいた私に、「カズサ～日本から電話よ」。

隣の部屋に電話が置いてあったので、すぐさま私は隣の部屋に行きました。

その声は母です。

「元気にしてる?」

なぜここがわかったのか? 半年日本語を話していなかったせいか、しばらくは何を言っていいのか言葉が見つかりませんでした。

その後、湾岸戦争勃発、両親との連絡は一時途絶えました。私の消息を心配する両親に代わり、英語が堪能な叔母がロンドンまで私を探しに来ました。

ロンドンの地下鉄から駅のホームへ降りようとドアが開いた瞬間、叔母とばったり出くわしたのです。叔母は私の消息がわからず、明日のフライトで帰国する予定でした。

私も叔母もビックリ！

そんな浮世草のような人生を歩んできた私を今まで支えてくれ、応援してくれた家族には感謝してもしきれない想いです。

そして今までにお会いし、さまざまな試練、機会を与えてくださった方々にも感謝しております。

今回、出版にあたり編集を担当してくださいました今泉ちえ様、素敵な表紙を描いてくださいました小樽在住のホリイヒトシ様には厚くお礼を申し上げます。

皆様、心よりありがとうございました。

徹夜明けで顔が粉まみれ

著者プロフィール

打越 一草（うちこし かずさ）

本名 松田一草。1970年兵庫県洲本市（淡路島）生まれ、幼少期を神戸で過ごす。札幌聖心女子学院高等部卒業。テンプル大学日本校中退後、イスラエルのキブツでボランティアに参加。'96ミス小樽として全国PR活動に携わる。テレビ番組制作会社勤務後、父の他界を期に故郷へ戻り、家業の飲食業の世界へ。40歳を過ぎて調理師免許所得、2016年に公邸料理人となる。
外国暮らしは通算10年以上（主な滞在都市：ロンドン、バンコク、シドニー、ボストン）。
現在、ハワイ在住。料理人、利き酒師、茶道家として国内外で活動中。

Facebook　https://www.facebook.com/kazusa.mastuda/
ブログ　https://ameblo.jp/miyu0903-2020
Instagram　@kazusa446

風来坊ママ、公邸料理人になる

2023年３月15日　初版第１刷発行

著　者　打越 一草
発行者　瓜谷 綱延
発行所　株式会社文芸社
〒160-0022　東京都新宿区新宿１－10－１
電話　03-5369-3060（代表）
03-5369-2299（販売）

印刷所　株式会社フクイン

ISBN978-4-286-29021-8